THE UNESCO INTANGIBLE CULTURAL HERITAGE:
Cultural Practices and Expressions of our Legacy

［フォトミュージアム］

ユネスコ
世界の無形文化遺産

マッシモ・チェンティーニ──編著

岡本千晶──訳

原書房

WS White Star Publishers® is a registered trademark property of White Star property of White Star s.r.l.

2019 White Star s.r.l.
Piazzale Luigi Cadorna, 6, 20123 Milan, Italy
www.whitestar.it

THE UNESCO INTANGIBLE CULTURAL HERITAGE
by Massimo Centini

Copyright © White Star s.r.l.
Japanese translation rights arranged with White Star s.r.l., Novara,
through Tuttle-Mori Agency, Inc., Tokyo

[フォトミュージアム]
ユネスコ 世界の無形文化遺産

2019年10月31日　初版第1刷発行

編者─────マッシモ・チェンティーニ
訳者─────岡本千晶
発行者────成瀬雅人
　　　　　　〒160-0022 東京都新宿区新宿1-25-13
　　　　　　電話・代表03-3354-0685
　　　　　　http://www.harashobo.co.jp
　　　　　　振替・00150-6-151594
ブックデザイン───小沼宏之［Gibbon］
印刷─────新灯印刷株式会社
製本─────東京美術紙工協業組合

©Office Suzuki, 2019
ISBN978-4-562-05694-1
Printed in Japan

［フォトミュージアム］

ユネスコ
世界の無形文化遺産

はじめに

　ユネスコは多岐にわたる一連の経験や伝承を「人類の口承及び無形遺産の傑作のリスト」に登録し、「文化遺産は有形の場所や記念碑や物だけにとどまらない」と主張することによって、我々が慣れ親しんできた既存のやり方とは違った保存戦略を提案してきた。さらに言えばこのリストは、特定の社会に深く根ざすがゆえ、ほとんどその社会を象徴するものと化している民間伝承、物質文化、慣習の実例も網羅している。多くの場合、このような形の文化は「大衆的」という形容詞がともない、長いあいだ、人間の知識が生み出すものの中では重要度が低いと見なされてきたが、その理由のひとつは、この形容詞が知的意義に乏しい「劣った」社会環境をしばしば連想させるからだ。2週間ごとにひとつの言語が永遠に失われていくこの時代、私たちはこのような知識や経験が消え失せる前に、それらを保存しておくことがいかに重要で必要不可欠であるかを理解しなくてはならないのだ。

　だからこそ、ユネスコのこの戦略は、一見、重要ではなさそうなものに向けられているかに思えるが、実に素晴らしいものなのだ。この戦略は純粋に人類学的観点から示されている。つまり、ねらいは、ひとつの文化について多くのことを明らかにし得るユニークな特徴に光を当てることにある。たとえば、一般的に祝祭、民族祭りと呼ばれるある種の儀式には、遠い昔からこれらの儀式を繰り返し続けてきた文化を如実に示すいくつもの側面が含まれている。これらの習慣には、単なる娯楽としての見た目以上に、非常に興味深い背景が存在すると気づくだろう。そのような背景を重要な手がかりとすれば、「祭り」を昔からずっと祝ってきた社会の起源や発展をたどることが可能になるのだ。実際、さまざまな集団に見られる儀式的慣習の多くの表現には、自然やライフサイクルや超自然的次元に対する考え方に関する実に明確な情報——主として抽象的シンボルではあるが物質的シンボルに負けないくらい重要なシンボルのネットワークによって識別できる文化の象徴的領域に関連する要素——が含まれている。

　象徴言語もまた、踊りや歌や芝居によって具体化されるが、そのようなものは本質的に短命だ。とはいえ、踊りや歌や芝居は、伝統の上に構築された堅固な土台に載っており、人々に共有され、深く心に刻まれ、守られている。その意味で、こうした芸能は遺産の構成要素となっている。なぜなら、これらはひとつのアイデンティティを表現し、歴史にしっかり根を下ろしているからだ。歌や踊りや芝居を演じるのが人間であれ、パペットであれ、マリオネットであれ、神話に登場する英雄や神々の偉業を物語る像であれ、それ

ぞれのパフォーマンスが社会の文化力学の中で大きな役割を果たし、伝統を存続させている。

ユネスコが「人類の傑作」に登録してきた人類の文化表現を大局的に見てみると、いくつか一般的なタイプを特定することができる。それは「物質文化」と、簡単な言い方をすれば「儀式的慣習」に関連する活動と「民間伝承」、そして、単純化しすぎかもしれないが、「見世物」や「ショー」と呼ばれる広範囲な分野の一部として分類できる事例である。より専門的、言語学的観点で見れば、こう言い添えることもできるだろう。もっぱら儀式的なものと、踊りや民間伝承の事例など、ほかの分野に属するものとのあいだに、必ずしも明確な違いを見出すことはできない。

読者も気づいておられるとおり、本書では、ナポリのピッツァやメキシコの死者の日など実にさまざまな経験を取り上げているが、そのような経験が有する目的に関することだけでなく、何よりもその目的を実現し、促進するために取られたあらゆる方法や形式についても紹介していく。

これは魅惑的な旅となるだろう。扱う範囲はザンビアのマキシ仮装から日本の歌舞伎、さらにはブラジルのカポエイラまでと多岐にわたる。たとえばカポエイラにはダンスと格闘技を組み合わせ、先祖譲りの身体性があふれ出る身振りをともなうが、こうした身体性はタラゴナの人間の塔などにも見て取れる。声、身振り、「パフォーマンス」、つかの間の創作物などはすべて、無形のシンボル、文化の痕跡、文化の歴史となるのだ。本書では、他に類を見ない人類の文化的表現の一部を紹介している。その中にはよく知られているもの（鍼、ヨガ、バティクなど）もあれば、あまり知られておらず、ほとんど、民族学者や文化人類学者や社会学者にしか研究されていないものもある。

こうしたユネスコの重要なイニシアチブは、ブンダーカンマー（「驚異の部屋」、すなわち過去数世紀にわたり、王侯貴族らが作り上げてきた珍品のコレクション）から出てきそうな異国趣味なものに没頭する機会と見なすべきではない。それどころか、このイニシアチブはさまざまな国、さまざまな民族の、さまざまな形の文化を受け入れる啓発的な旅であり、人類学的大前提にもとづく旅なのだ。人間の知識や価値や偉大さは、大聖堂や上品で壮麗な芸術や、天才たちのさまざまな表現にだけ示されるのではなく、人間の慣習、物、言葉、身振りにも示されている。それらは人類の歴史に大きな影響を与えたとは言えないものの、たとえ数千マイル離れていようと、全人類の歴史に深い痕跡を残してきたのだ。

カウベルの製作

［**大陸**］ヨーロッパ
［**国名**］ポルトガル
［**都市**］アルカーソヴァス
2015年よりユネスコのリストに登録

ポルトガル南部で家畜用カウベル作りの技術を体現しているのは
わずか数十人の職人たちだ。
この古い伝統は、地域の牧畜文化と結びつくシンボルに富み、
本物の芸術品を生み出している。

ポルトガル、アレンテージョ地方の田園地帯では1000年にわたり、ある特別な音が鳴り響いてきた。それは家畜の首にぶら下がるカウベルのリズミカルな音。カウベルの響きが羊飼いに動物の動きを伝え、注意深い羊飼いには群れが危険から逃れようとする瞬間がわかるのだ。群れにとって、カウベルは暗闇で道を見つけるうえで役立つ。動物たちの中には「統率するもの」と「追随するもの」がおり、この序列を知るには、牧畜業者が群れの構造に応じて割り当てるカウベルが目印となる。カウベルは、ブラガンサ、トマール、カルターショ、エストレモス、レゲンゴス・デ・モンサラーシ、アゾレス諸島のアングラ・ド・エロイズモといった村で手作業で作られており、その中で最も重要な存在となるのがアルカーソヴァスだ。ここには父から息子へと受け継がれる伝統にもとづく11の工房があるが、残念ながら父親世代はほぼ全員が70歳を超えている。職人たちは、カウベルと動物の首に巻く革の首輪に星や花や文字、あるいは空想的な模様を刻み込む。職人は1200度の火で焼いた鉄製のベルを調律する方法も心得ていなければならない。カウベルはハンマーで成形し、金敷の上で折り曲げながらコップの形にする。それから、ひび割れを防ぐため、ひとつひとつ、粘土とわらを混ぜたもので覆っていく。こうした専門家の手仕事があってこそ、カウベルが持つ音の魅力は存続していくのだ。

［p.008 および p.009］ショーカレイロ（「ガラガラ」を意味するポルトガル語ショカーリョに由来）と呼ばれるアルカーソヴァスの職人にとって、ベルの「舌」を取り付ける作業は最も細心の注意を要する段階のひとつ。この熟練の手仕事は、ユネスコの「人類の無形文化遺産リスト」に登録されたおかげで、より広く認知されるようになるだろう。

フラメンコ

[大陸]ヨーロッパ
[国名]スペイン
2010年よりユネスコのリストに登録

その起源はいまだ謎に包まれている。
私たちがフラメンコと呼ぶものは、18世紀に登場したが、
16世紀に起源を発すると主張する学者もいる。
フラメンコはアンダルシアのジプシーの芸術形式だが、
ビザンツ聖歌やイスラム教の典礼聖歌のほか、
ユダヤ教のシナゴーグで歌われる聖歌など、
多くの影響を受けた結果としてこのような形になったのだ。

リズム、キャラクター、表現、即興、感情。これらは、18世紀のアンダルシアにさかのぼるロマ(ジプシー)に起源を持つ舞踏、フラメンコの構成要素だ。昔は感情を表出するために、バイラオール(踊り手)は体の動きと、タコネオおよびパルマス(足裁きと手拍子)だけで自分を表現した。踊りにともなうのが、フラメンコの真の魂であるカンタオール、すなわち歌い手であり、歌い手は激しい情熱的なカンテ(歌)で、フラメンコの本質を強調し、深みを加えることができる。最初のフラメンコは、ジプシーの苦しみを表現する形式、カンテ・ホンド(深い歌)だった。古典的形式のフラメンコの場合、カンテは19世紀の偉大な演者のひとり、エル・フィージョに端を発するハスキーな声で歌われる。だが、フラメンコにはパロと呼ばれる50以上の曲種があり、痛みや苦しみや過酷な運命にまつわる最も真情が吐露された悲劇的な曲種シギリージャやソレア(孤独)から、祝宴や大衆的な祭りの最中にタブラオと呼ばれるフラメンコ用の舞台で披露される最も活気ある曲種セビジャーナス、ブレリア、アレグリアスまでと、実に多岐にわたる。19世紀半ばにはフラメンコにギターが登場し、踊り手や歌い手の伴奏に用いられた(世界に広く認められた最も偉大な演奏家のひとりは、かの有名な現代のアーティスト、パコ・デ・ルシアだが、2014年に亡くなった)。その結果、歌、踊り、器楽曲が組み合わさって、見る者の一番根深いところにある琴線に触れる。そして観客はますます熱狂し、その数がどんどん増えていく。かつてフラメンコは上流階級から社会の下層階級を代弁するものと見なされ、何世紀にもわたって排除されてきた。しかし、すでにカフェ・

[p. 010–011]フラメンコの真の主役はドレス。踊り手はダンスのタイプに応じてドレスをさまざまなやり方で動かすすべに非常に長けている。

カンタンテ(20世紀初頭にスペインのあちこちで栄えた、音楽や歌を聞かせるカフェ)が普及・定着していたこともあり、やがて特定の地域でジプシーの家族やコミュニティの中だけで演じられる内輪の芸術という地位を脱し、昔よりはるかに幅広い層の人たちによって、たちまち本物の芸術形式として受け入れられるようになった。そしてフラメンコがますます好評を博するようになり、カフェから劇場へと場所を移していくと、演者の多くがプロとして活躍するようになった。フラメンコとその歴史には切っても切れない結びつきがあるも

のの、バイラオールと音楽家の情熱、芸術性は、時とともにフラメンコの歴史に新しいページを書き加えてきた。その結果、伝統と現代的なものとが融合し、フラメンコは世界で最も有名かつ高く評価される芸術形式となった。ジプシーのルーツに最も近く、即興で踊られるピュア・フラメンコの脇を固めるのは、衣装と振り付けに重点を置いた古いスペイン舞踏の1バージョンであるニュー・フラメンコと、ポップス、ブルース、ロック、さらにはラップなど、ほかの音楽ジャンルと融合したフュージョン・フラメンコだ。

[p.012] フラメンコ用のダンスシューズにはヒールがあり、ソールには釘で補強がなされているため、それが実際に打楽器の役割を果たしている。[p0.13]
フラメンコに色彩とリズムを添えるため、時代とともに、手や腕を官能的かつエレガントに回転させるなど、アンダルシアの伝統に立ち戻った新しい振り付け要素が取り入れられてきた。

［p.014–015］ジプシー文化は代々、口承で受け継がれてきたが、フラメンコの場合も同様で、年長者が身内や地域社会の若い世代にこれを教えてきた。現在、フラメンコはかつてないほど盛んになり、ダンス・スクールや専門学校で学ばれており、そこでは伝統と現代的なダンスや音楽スタイルとの融合が行われている。

［大陸］ヨーロッパ
［国］スペイン
［都市］タラゴナ
2010年よりユネスコのリストに登録

［p. 016-017］多数の人々が放射状に並んで構成するピーニャは城の支持
構造にあたり、最も屈強な男たちが人間の塔の土台を形成する。［p.017］
人間の塔のフォーメーションでは、あらゆることが細かく検討される。
メンバーの体だけでなく、手も塔の構造を支える「バットレス（控え壁）」
の役割を果たすように並べられる。

人間の塔

人間の塔とは、人間の建築物以外の何ものでもなく、
カタルーニャで人気のある数々の祭りで称賛され、
拍手喝采される。これは数世紀にわたって
受け継がれてきた伝統であり、機敏さと勇気が求められる。
実際には、塔の組み立てと同じくらい、塔の解体が壮観なのだ。
人間の塔を作る際のスキルや難しさはさておき、
グループのメンバーを突き動かしているのは、団結力と
ひとつにまとまった意志に違いない。
彼らにとってこの団結力と意志こそが、自分は
家族の一員であり、数百年をさかのぼる歴史の一部であると
感じさせてくれるものなのだ。

群衆が街の祭りに押し寄せる中、彼らは遠くからでも見分けがつく。白い
ズボン、負担がかかる筋肉を守るべく腰に巻いた幅広の黒い帯、それに色
鮮やかなシャツ。彼らは間もなく離れ業を開始する人間の塔のカスタリェー
ス（構成員）だ。ドラムロールが始まり、グラリャ（横笛とラッパの中間のような
ダブルリードの木管楽器）の音色が聞こえてくると、カスタリェースが押し寄
せ、機敏性は一番低いものの、一番力強く、多数の人々で取り囲む塔の土
台、いわゆるピーニャを形成する。それから組み立てが始まり、1段目の

カスタリェースの上に2段目のカスタリェースが登り、その上に3段目のカスタリェースが登るという具合に、塔が空に向かってどんどん伸びていく。彼らが塔の最上部を形成するべく勇敢かつ機敏に登っていくのを見るのは素晴らしい経験だ。塔の建設に終わりを告げる少年、アンチャネータが頂点に立ち、片手を上げる合図、アレータを行い、偉業の最後を飾ると、群衆は強い感情をあらわにし、拍手喝采する。次の瞬間、肉体の塔が滑り落ちるように見る見る地面へと崩れていき、コーリャ（チーム）のメンバー、すなわち、「城」作りに成功するという強い願いと意志によって団結した人々の集団が互いに抱き合い、成功をたたえ合う。タラゴナ、バイス、ビラフランカ、タラサは「人間の塔」を作る行事に参加している最も重要な都市だ。この伝統行事は6月にバイスのサン・ジョアン祭りで始まり、11月のミニョン・デ・タラサの祭りで終わる。そして、このふたつの祭りのあいだにも見逃せないイベントがいろいろある。たとえば、タラサのサン・ペレや、ビラフランカのサン・フェリウの祭りの

ほか、タラゴナのサンタ・テクラの祝祭では、偶数年だけではあるが、10月に円形競技場の素晴らしい舞台で、カスティ（人間の塔）のコンクールが開催される。

　一部の学者によれば、スペインに人間の塔をもたらしたのはアラブ人とのことだが、それは古代ローマ人であると主張する学者もいる。だが、最も説得力があるのは、この伝統をさかのぼると、ボール・ド・バレンシアンズ（バレンシア人の踊り）にたどり着くとする仮説だ。それはカタルーニャ（この民俗風習が生まれ、最も色濃く残るスペインの地域）の古代の踊りで、最後に3、4段の小さな塔を作って締めくくる。コンクールとライバル意識によって現在のような形が出来上がったのだろう。今日、コーリャは人間の組み立てを競い合い、塔はどんどん高くなり、試みはますます向こう見ずになっている。それでも、10段を超える人間の塔を作ることに成功したチームはない。だがその点に関しても、人々は喜んでこう言うだろう。時間の問題にすぎないと。

[p.018]ピーニャにはさまざまなタイプがある。ひとりの上にもうひとりが乗っていく形で最低でも4段構造になる柱の部分。各段ふたりずつで、最低でも5段構造になる塔の部分。そして本当の意味で「城」となるのは8段か9段部分になるが、そこは3人から5人で構成していく。[p.019]人間の塔では若者や小柄な子どもが最も重要な部分を担う。彼らは最上段を形成し、組み立ての締めくくりをしなくてはならないからだ。

コルドバのパティオ祭り

［大陸］ヨーロッパ

［国］スペイン

［都市］コルドバ

2012年よりユネスコのリストに登録

1年で最も暑さが厳しい時期でも涼しさを提供し、
外でのんびり過ごしたり、仲間と過ごしたりすることを
楽しくさせてくれる花と色彩と香りの楽園。
家屋の内側に「隠れた」コルドバの中庭は、5月になると
「コルドバのパティオ祭り」のため、このように変貌を遂げる。

中庭を飾る伝統は古代ローマ時代に起源を持つと考えられている。アンダルシアのこの地域は夏の気温が40度を超えることもあり、ローマ人はコルドバで夏を過ごすときはより快適に滞在できるよう、自宅や住居用家屋の一部として中庭を配置し、あらゆる種類の植物や花で飾ることにした。それを機に、人々は日陰のある涼しい場所で休んだり、客をもてなしたりすることができるようになり、暑さに悩まされることなく日常の活動にも従事できるようになった。こうした建築上の解決策は効果を発揮し、やがて社会的な役割を果たしていく。中庭では、これがなければ難しくなる、あるいはまったく不可能になりかねない交流を持つことが可能になり、それと同時に、上流階級は中庭の花飾りのほか、とりわけ洗練されたほかの装飾品を誇示することによって、自分たちの地位や経済的優位を主張できるようになった。ムーア人はスペインを支

［p.020］パティオ祭りは、"5月の十字架"祭り、"花戦争"祭りと並んで、5月のコルドバで最も待ち望まれている祭りのひとつ。［p.021］ホセ・マヌエル・ベルモンテによるこの彫刻は、中庭で、壁の高いところにある花の手入れに余念がない女性を表現している。

配していた時代に水力学の知識を活用し、コルドバの
パティオの魅力に磨きをかけた。噴水、池、井戸、小
さな運河を造り、大量の水を集めて流すことを可能に
したのだ。その結果、水の動き、音、くつろいだ気分

にさせる涼しげな空間が作り出された。こうした技術
革新のおかげで、パティオの気温は夏の盛りに15度
も低下した。だが現在、こうした正真正銘の都会のオ
アシスが目を見張るほど美しく、この上なく暮らしや

パティオ祭りは、
強力な社会的つながりや
近隣との連帯にもとづく
持続可能な生活の手本を
表しているだけでなく、
自然に対する敬意を
刺激・促進し、
花や建築に関する知識を
習得するうえでも
効果を発揮していると
考えられている。

すくなる時期といえば5月の前半だ。入り口や階段やバルコニーも含め、パティオは12日間にわたり、見事なフラワー・アレンジメントで飾られる。また、1918年にこの祭りが始まって以来、期間中は一般に公開されてきた。フラメンコのコンサートや土地の名産品を楽しもうとやってきた観光客は目を見張り、好奇心にそそられながら次々とパティオを訪れる。そして街角では即興のショーが行われている。つまり食や音楽の伝統と同時に、建築や装飾の伝統も楽しめるというわけだ。後者のベースとなっているのは、専門家が自然の要素と、彫刻や陶器といった美術的要素の両方を用いて配置したこれらの地域の空間装飾だ。パティオ祭りが誕生するとすぐ、最も美しいパティオを競うコンクール(古い建築向けと現代の建築向けの2賞)が設立された。コンクールの開催によって祭りへの積極的参加が促され、その結果、魅力を増したセッティングやディスプレーが計画され、取りつけられるようになった。現在、約50のパティオがコンクールに参加している。必見の場所としては、12のパティオがある15世紀のビアナ宮殿、アルカサル・ビエホ地区、そして旧市街の中心に位置し、ユネスコの保護下にある最大の市街地であるユダヤ人街、フデリアが挙げられる。

[p.024]家族、友人、隣人たち総出でパティオを飾るために協力し、魅力的で本当にユニークな中庭を作っている。[p.025]最も広いタイプのパティオではたいがい、観光客向けにアンダルシアで人気の音楽や歌や踊りが披露されている。

バレンシアの火祭り

［大陸］ヨーロッパ
［国］スペイン
［都市］バレンシア
2016年よりユネスコのリストに登録

スペインの最も有名な伝統的祭典のひとつであるバレンシアの火祭りは、
大工の守護聖人、サン・ホセをたたえる祭りであることから、サン・ホセの火祭りとも呼ばれ、
3月1日から春分の前夜、19日まで開催される。この祭りのイベントは、
皆が陽気に浮かれ騒ぎ、喜びにあふれることで知られているが、これは冬の最後の寒さ、
もっと広い意味では、死の恐怖を追い払うための人生への賛美なのだ。

バンバンバンと耳をつんざく音で爆竹が炸裂し、ニノットと呼ばれる何百もの人形や、寓意的テーマを表現した巨大な張り子人形があちこちにお目見えする。そして、大勢の子どもと大人が街に繰り出し、音楽とお祭り騒ぎが満ちあふれる。これがファジャス（火祭り）の光景だ。祭りは毎年バレンシアに途方もない魅力をみなぎらせ、それが人から人へと伝わっていく。すべては2月の最終日曜日から始まる。市長が美人コンテストで選出された火祭りの女王、ファジェラ・マヨール

に市の鍵を渡し、女王はプラサ・デル・アジュンタミエント（市庁舎広場）で何千個もの爆竹を同時に炸裂させるショー、マスクルタを開始する（火祭りの期間中、約5トン分の爆竹が使われる）。耳をつんざくような音で、その場にいる人たちをぼう然とさせることもあるこのイベントは、火祭りが終わるまで毎日繰り返される。職人、画家、彫刻家、張り子の専門職人、さらには一般のバレンシア市民までもが総出で協力し、1年かけてニノットを製作していくが、これは18世紀の中ご

［p.026 および p.027］祭りの期間中、ビルヘン広場の中央に聖母マリアを表現した木造の巨大構造物が造られる。女性と少女たちが列を作って像の前へ進み、そこで献花する何千本という花が聖母マリアのマントとなっていくと同時に、魅惑的な光景があたりの空気を濃厚な花の香りで満たしていく。

ろまで流行していた古い慣習を受け継いだもの。昔は恥ずべき所業を犯した人物を公然と非難する目的で、3月18日に人形を家の窓に吊していた。現在、それらの小さなダミー人形は巨大な構造物、ファジャに取って代わられている。ファジャは高さが数十メートルになる場合もあり、現在の地方や国にまつわるテーマ、さらには国際的なテーマを取り上げている。それぞれの地域に独自の印象的なファジャ（および子どもたちが作る小さな人形、ファジャ・インファンティル）があり、地域の住民を代表する、いわゆる火祭り委員会がその計画を立てている。これらの人形はすべて、視覚的なインパクトと伝えるメッセージにもとづき、審査員と見学者によって評価される。

　祭りのあいだ、イベントは途切れることなく続く。3月17日から18日にかけては献花パレード、オフレンダ・デ・フローレスが行われ、伝統的な衣装をまとった女性たちが、ビルヘン・デ・ロス・デサンパラドス（聖母マリア）にその名にちなんだ広場で花を捧げる。女性らは聖母マリアの像を覆うように花のマントを作り上げ、像は花が枯れるまで一般に公開される。3月19日から20日にかけての夜間に行われるクレマ、すなわち人形焼きをもって火祭りはクライマックスを迎え、ニノットは市内数百箇所でかがり火に入れてすべて燃やされる。この伝統は、大工たちが守護聖人サン・ホセ（聖ヨセフ）に敬意を表し、工房にたまった木材やかんなくずを冬の終わりに燃やしていた習慣に由来するらしい。この風習は数世紀を経て拡大し、すべての市民を巻き込んで現在のような儀式となった。観光客の票を一番集めたニノットが一体のみ、人形焼きを免れ、火祭り博物館に保管される。一方、人形を燃やすかがり火は高さが増し、人々は春が近づいていることを祝う。寒い冬は消え失せ、それとともに死の恐怖も消え去るのだ。

[p.028–029 および p.029] かつてファジャという言葉は、集団が宗教儀式など、特別な機会にともすかがり火を意味した。伝統的な祝祭が行われているとき、こうしたかがり火が寓意的なニノット（パペット、人形）で作られるようになり、ファジャは3月20日の夜に燃やされる巨大な構造物を意味するようになった。

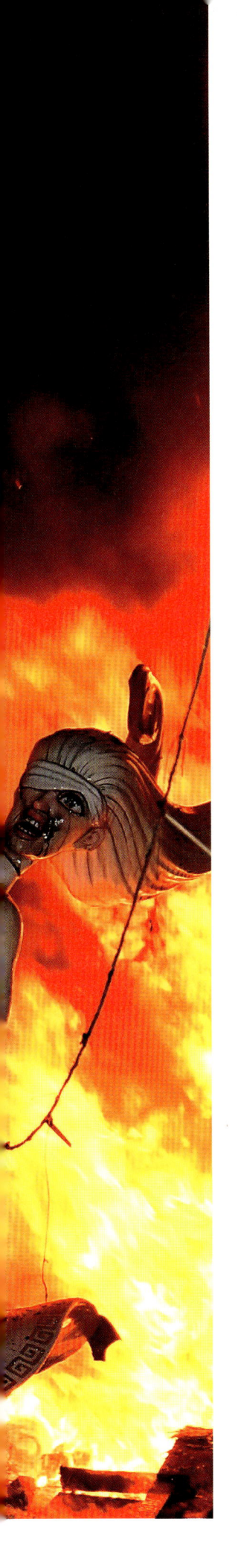

[p.030–031] 3月19日から20日にかけての夜、レアル・マドリードのユニフォームを着たサッカーのスター選手、クリスティアーノ・ロナウドを表現したニノットがクレマで燃えている。[p.031] 3月18日から19日にかけてのラ・ニト・デル・フォック（火の夜）では、素晴らしい花火が披露され、約30分間、幻想的な照明効果でバレンシアの夜空を照らし出す。

［大陸］ヨーロッパ
［国］フランス
［都市］オービュッソン
2009年よりユネスコのリストに登録

［p. 032–033］オービュッソンのサン・ジャン・マニュファクトリーのラボで作業をする職人たち。［p.033］オービュッソンの工房は新しい織物の製作に加え、古いタペストリーの修復にも熟練している。

オービュッソン・タペストリー

14世紀以来、フランス南西部に広まった装飾的タペストリーは、
17世紀になると需要が高まり、ヨーロッパ中で
模倣された。そのため、神話や狩猟の画面が描かれた
貴重なタペストリーは貴族にとって
絶対に手に入れて自慢したいものとなった。
長い危機を経た後、今日のオービュッソン・タペストリーは
明らかに現代的なテーマを取り入れている。

オービュッソンのタペストリーは、フランス国王の邸宅の壁を飾る豪華な装飾として、中世に端を発するが、すぐに上位中流階級の家庭でも人気となり、ステータスシンボルとなった。こうしたタペストリーの製作に関する文書記録は14世紀にまでさかのぼり、当時、フランダース出身の職人集団が現在のフランスのクルーズ県のほか、ヌーヴェル＝アキテーヌ地域の町に定住していた。アラス織り——その名はタペストリーが初めて伝わったフランスの都市アラスに由来——は、長い複雑な製作過程を踏む。まず紙もしくは布にカートゥーン（カルトン・デ・タピスリー）と呼ばれる下絵を描くことから始めるが、これは専門の画家（カルトニエ）が行う。カートゥーンが完成したら、織師（リシエ）に渡し、織師はそれをタペストリーの設計図として使う。織師は手染めの毛糸（絹糸、金・銀糸の場合もある）を用い、縦糸を水平に張る水平織機（小・中型の作品を作ることができる）、もしくは縦糸

を垂直に張る垂直織機(大型の作品に使用)で絵柄を平面的(ポワン・プラ)に織っていく。オービュッソンの場合、昔から水平織機が最もよく使われており、それは今も変わらない。

　オービュッソンのタペストリー製造は17世紀に最盛期を迎え、工房は、ルイ14世の財務総監ジャン＝バティスト・コルベールが創設したゴブランとボーヴェのタペストリー工場とともに王立工場となった。タペストリーに描かれるテーマは時代によって変わってきた。当初、好まれたのは、牧歌的風景もしくは森

の風景だった。その後16世紀になると、神話的テーマ、旧約聖書、牧歌的風景、あるいはフランスの歴史から取った逸話に加え、狩り(貴族の古典的な趣味)の風景が流行した。そして当時、最も有名だったフランス人画家——シャルル・ル・ブラン(1619–1690年)、アントワーヌ・ヴァトー(1684–1721年)、フランソワ・ブーシェ(1703–1770年)、ジャン＝バティスト・マリー・ユエ(1745–1811年)——が下絵を提供した。タペストリーの需要は非常に高く、偽造される可能性があったため、織師たちはそれを防ぐと同時に、自分の能力を証

［p.034-035］サン・ジャンの工場には実に多彩な色糸がそろっている。
［p.035］タペストリーの製作では、縦糸と横糸を組み合わせる技術の習
得が必須となる。

明するため、タペストリーのへりにイニシャルを入れ
て自分の作品だとわかるようにしていた。

　1884年には、エコール・ナショナーレ・ダール・
デコラティフ・ドービュッソン（ENAD、国立オービュッ
ソン装飾美術学校）が設立されたが、次世紀になると、
タペストリー製作は危機に見舞われた。それでも、第
2次世界大戦後、オービュッソンのタペストリーは復
活を遂げた。今日の画家たちは現代の美術様式や形態
を用いてタペストリーの製作に新しい発想を吹き込ん
でいる。

アランソンの
レース編みの工芸技術

［大陸］ヨーロッパ
［国］フランス
［都市］アランソン
2010年よりユネスコのリストに登録

非常に軽くて、優美で、驚くほど精緻なニードルポイントレースには、
完璧なテクニックと、使用する素材に関する完全な知識と、計り知れない忍耐が求められる。
実際、わずか数センチ四方のレースを作るだけで何時間もかかるのだ。

伝承によれば、17世紀の半ばごろ、レース職人のマルト・ラ・ペリエールにより、「ポワン・ド・ヴニース（ヴェネツィアのレース）」と呼ばれるイタリアを起源とするニードルポイントレースの技術がノルマンディーの都市、アランソンにもたらされた。ポワン・ド・ヴ

ニースという名は、この技術が14世紀にヴェネツィアで考案されたと信じられていたことに由来する。レース編みがフランスにもたらされたのは、非常に洗練されたこの種のレース細工をこよなく愛したアンリ2世の王妃、カトリーヌ・ド・メディシス（1519-1589年）の

［p.036 および p.037］植物のモチーフで装飾されたこのふたつの例には、アランソンのレース細工では典型的な、非常に洗練された模様が含まれている。［p.038 および p.039］レース細工で細心の注意を要する段階。土台として緑の布が使われている。

おかげだった。マルトはテクニックに若干の変更を取り入れ、のちに「ポワン・ド・アランソン」として広く知られることになる特別なタイプの繊細なレースを生み出した。このレースは作るのが非常に難しく、さまざまな作業過程、膨大な時間、たぐいまれなスキルを要する。たとえば、このレースは、わずか1センチ四方作るだけでも最低7時間はかかる。まず、決定した下絵や図案をトレーシングペーパーになぞったら、そこを針で刺して穴を開けること（ピカージュ）によって、厚紙や羊皮紙に図案を写し取っていく。次に、二枚重ねにした布を土台として、その上に下絵を置き、トラセ、すなわち基本線となる輪郭を糸で描いていく。こ

の段階から本格的に糸をかがる作業が始まる。ベースとなる部分はボタンホール・ステッチで構成され、下絵の最も目を引く部分（アントワラージ）は密にかがり、残りの部分は軽めに、より「すき間」を持たせた刺し方にする。レースのさまざまなパーツはボタンループ（ブリッド）を用いてつないでいくが、極小の装飾的なピコット［環状もしくは玉状の飾り］で縁取られることもある。それが終わったら、羊皮紙の土台からレースをはずし、レースを作るために用いた糸（エブタージ）をしかるべき場所に納める。そして、レースの図柄がさまざまな異なるパーツで構成される場合、各パーツは非常に軽くて目立たない糸で縫い合わされる（アッサンブ

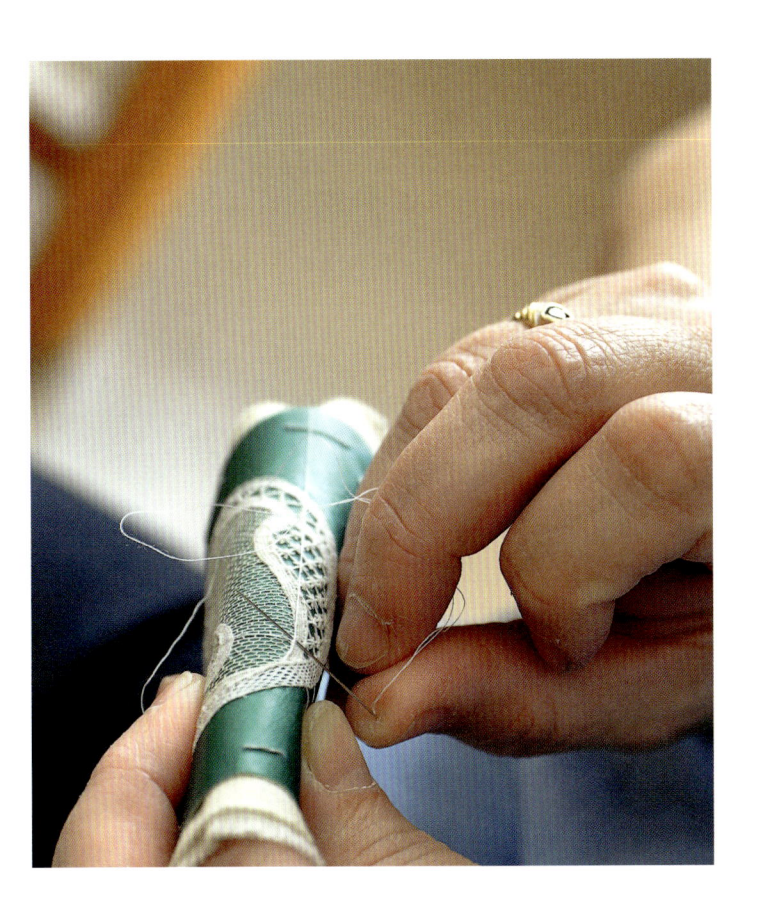

ラージュ）。

　アランソンのニードルポイントレースの生産は17世紀の終わりに、ルイ14世の財務総監ジャン＝バティスト・コルベールが製造所を王立工場にすると宣言したとき、つまり製造が国家独占となったときに本格化し、王冠のシンボルがついたことで、ダンテル、すなわちレースの生産を促進させた。もともとレース職人から見習いへと口頭伝承されてきた技術は、さまざまな段階で再構築がなされ、現在は国立アランソン・レース工房でそれらの技術を教えている。工房では実演が行われ、現代のアーティストを対象とした研修制度も実施されている。

アランソン・レースは
フランスの王侯貴族に
高く評価された。
王妃マリー・アントワネットは
明るい色のレースを愛し、
ナポレオン3世の妻、
ウジェニー皇后は
暗い色を好んだ。

フランスの伝統馬術

数世紀にわたる歴史を受け継ぐフランスの伝統馬術は、
乗馬の訓練におけるラテンの伝統を手厚く保護し、
大切にしており、その顕著な特徴は「軽やかさ」と、
馬と騎手との調和の取れた関係にある。

馬術の世界において、フランス流の馬術は基本的に非暴力で、強制や抑制のない訓練の最たる形として広く認識されている。馬に関する深い知識を持ち、自分の意志と馬の気分や性質の徹底した尊重とを両立させる騎手の力量は素晴らしい結果を生み出し、複雑な訓練が極めて自然かつ優雅に行われている。フランス全土で広く行われているこの慣習を昔から擁護してきたのは、カードル・ノワールとして知られている騎手のエリート集団だ（騎手たちは実際に全身黒の制服に身を包んでいる）。革命の前からその後のナポレオン戦争にかけて、フランスの騎兵隊は壊滅状態に陥り、それを復活させるべく、19世紀にルイ18世が騎馬隊養成学校を再興し、以来、騎手エリート集団の由緒ある本部はロワール渓谷のソミュールに置かれている。フランスの馬術はこの地域で頂点に達し、ここでは景観、伝統、乗馬文化、観光の融合が見事に成功している。その点に関して言えば、乗馬学校は、乗馬中心に回る経済全体の原動力であることを証明し、馬のブリーダーや職人（馬具や靴の製造業者）、獣医師、蹄鉄工の仕事と収入を生み出してきた。1972年、ソミュールの学校は国立馬術学校に統合された。以来、カードル・ノワールのメンバーは、馬術スポーツのハイレベルな指導者として活躍するようになった。また、カードル・ノワールはこの学校の騎手たちが演じる馬術ショーの名前にもなっており、調教の原則ややり方を実演し、フランス流馬術の知名度を上げるべく、ソミュールだけでなく、世界各地でショーを披露している。インストラクターは全員がプロフェッショナルで、ほぼ全員が民間人。彼らは理論にもとづく馬術の完全なる知識を教え込まれている。

［p.040–041］フランスの学校で習う最も難しい演技、クールベット・モンテを披露するカードル・ノワールの騎手と馬。［p.042–043］ソミュールのカードル・ノワールは1828年設立され、イギリスのサラブレッド種、アングロ・アラブ種、ハノーバー種、セルフランセ種、ルシターノ種と、さまざまな品種が使われている。

カードル・ノワールのエレガントな騎手たちは、袖章や階級等を表する金の飾りがついた黒のジャケットを着て、黒いフェルトの二角帽をかぶり、持ち手に輪のついた黒い鞭を持ち、金メッキを施した拍車を身に着ける。馬術ショーでは、馬に命令を出すための長い手綱を用い、馬上と地上の両方で演技を披露する。

［大陸］ヨーロッパ
［国］ベルギーおよびフランス
2005 年よりユネスコのリストに登録

［p.044–045］ベルギー、モンスのデュカス（別名ドゥドゥ）祭りで最も見る者を魅了する瞬間のひとつ、聖ジョルジュとドラゴンの戦い。［p.045］モンスのグラン・プラスは、ドラゴンが連れてこられ、聖ジョルジュに戦い（リュムソン）を挑む広場。［p.046–047］善と悪の永遠なる争いを象徴する聖人とドラゴンが、それぞれの「味方」に応援されている。

巨人とドラゴンの行列

ベルギーとフランスで、大衆的かつ
宗教的行列の際に運ばれていく
これらの巨大な人形は、
地域社会が共有する想像の中で
今も生き続ける魅力的な古い伝説と
つながりがある生き物を表現している。

それは巨大な彫像で、祖先の代にルーツを持ち、数千年とは言わないまで
も、数世紀をさかのぼる信仰や伝説をよみがえらせる作品だ。ベルギーと
フランスの伝統的な祭りの際に行われる行列で今なお主役となる巨人やド
ラゴンは、キリスト教文化の典型的特徴と、極めて異教的な民間伝承の要
素が結びついたものの上に成り立つ複雑なアイデンティティを間違いなく
体現している。古典的資料には、これらの地域に住んでいたケルト人のあ
いだで広く行われていた風習が言及されている。それは木の編み細工で人
間の特徴を有する巨大人形を作るという風習だが、これには好ましくない
側面があった。ケルト人は自分たちの神々をなだめるため、戦争で捕らえ

た人々を編み細工の人形に詰め込んで燃やしていたの
だ。中世になると、このむごたらしい風習は完全に（そ
して幸運にも）廃止され、似たような人形が作られるよ
うになった。ただし、いけにえとしてではなく、祭り
や宗教儀式に付随するものとして、読み書きができな
い人々に教えを説く手段として、怪物や聖人、王、過
去の英雄が大衆の想像力によって創作された。最初の
確かな証拠はルネサンス期にさかのぼり、最も古い「巨
人」の記録は、1457年に言及されたベルギーのブラバ
ン・ワロン州の都市ニヴェルのゴリアテと思われる。

　現在この風習は、ベルギーではアトおよびモンス（対
立するふたつの象徴的存在が戦いを繰り広げる巨人祭り）、ブ
リュッセル（「喜びの木」を植えるメイブーム祭り）、デンデ
ルモンド、メレヘン（「行列」を意味するオメガング祭り）と
いった都市、フランスではカッセル（カーニバル）、ドゥ
エ（「巨人」祭りを意味するフェット・ドゥ・ガイヨン）、ペズ
ナ、タラスコン（プロヴァンスに出没したと伝えられている
架空の武装した怪物、タラスクが象徴的な意味として「殺される」）
といった町で生きている。

　祭りはそれぞれ独自のスタイルで表現される。モン
スの場合、ペンテコステ（聖霊降臨祭）後の週末（三位一体
の祝日）に開催されるデュカス祭りのクライマックス
は、善と悪の争いを象徴する聖ジョルジュとドラゴン
の戦いを記念したイベント（リュムソン）だ。アトの巨
人祭りでは聖書の有名なエピソードにもとづき、「小
さな」ダビデと「巨大な」ゴリアテが対峙する。カッセ
ルのカーニバルの場合、祭りのキング＆クイーンは、

［p.048］年間を通じ、プロヴァンスのブーシュ・デュ・ローヌ県はタラス
コンのタラスク祭りなど、大きなイベントの開催地となる。［p.048–049］
タラスコンで行われるタラスク祭りのドラゴン。巨大な像の行進は非
常に人気があり、フランス各地で広く行われている。

ベルギーには行列で運ばれる巨大な像が1500近くあり、フランスには450以上ある。もちろん、大きさや外観は都市ごとに異なるが、どの像も過去やそれぞれの町の日常生活とつながりがあり、個々のコミュニティとの一体感を強める役に立っている。

[p.050] ベルギー、エノー州の町、アトのデュカス（巨人）祭りの主役、ゴリアテ夫妻の巨大な人形に仕上げを施す職人たち。[p.050-051] フランス、ドゥエの中央広場に立つガイヨン（「巨人」の通称）。ガイヨンの家族構成は、ガイヨンと妻のマリー・カジュノン、子どものジャコ、フィヨン、バンバン。

家族の役割を体現するふたりの人物、ルーズ・パパと
ルーズ・ママンだ。デンデルモンドの場合、シャルル
マーニュが騎士のローランに与えた魔法の馬、バヤー
ルが祭りの主役となっている。こうした実物よりも大

きい像が登場することによって、祭りは市民が共有す
る集団アイデンティティの中で重要なひとときとなる
のだ。

［**大陸**］ヨーロッパ
［**国**］ベルギー
［**都市**］オストダンケルク
2013年よりユネスコのリストに登録

オストダンケルクの馬で行う小エビ漁

5世紀にわたり続いてきたこの風変わりな漁法は、
かつてフランスやイギリス、オランダで広く行われていたが、
今はわずか15軒ほどのベルギー人家族によって営まれている。
馬で漁をする許可を得るには、特別な講習を受け、
2年間の研修を経なければならない。
この行事を宣伝する祭りは観光客に人気がある。

ベルギーの北海沿岸の町、オストダンケルクを訪れて、運が良ければ、珍しい光景を目にできるかもしれない。それは防水服に身を包んだ漁師たちが大きな引き馬に乗って、波間を動き回りながら網を引き、鞍の両脇に下げたかごをエビでいっぱいにしていく光景だ。この独特な漁法は500年続いている。ベルギー北西部に位置するコクセッド市の沿岸は砂浜で、崖や防波堤といった「障害物」がない。1日2回、冷たい北海は広い範囲にわたって潮が引き、漁師たちは水位が1mを超えないところへ強靱なブラバント産の引き馬を連れていく。それから1時間ほど、海の底を鎖でさらうのだが、その振動でエビが砂から飛び出し、木板を用いて開いたままの状態にしてある大きなじょうご形の引き網（長さ約30m）に入っていく。漁が終わると、小さな魚やカニは海に戻されるため、馬の両脇に下げた大きなかごに残るのは、珍重される灰色エビだけとなり、このエビが地元の一流シーフード・レストランのメニューに載ることになる。小エビの馬引き漁は海の環境を尊重して行われ、4月から10月にかけての暖かな時期に漁獲が最も高くなる（1日で最大40kgのエビが獲れる）。この地域の海は凍ることがないため、漁は年間を通じて可能だ。かつては北海沿岸全域に広まっていた伝統漁も、現在は、最後の継承者である一握りの漁師が行っているにすぎない。15の家族が今も小エビの馬引き漁に従事し、網作り、ブラバント馬の飼育や調教と、それぞれの家に得意とする分野があり、それが副業となって一家の収入を増やす役に立っている。伝統は世代から世代へと受け継がれ、伝統が続くのでさえあれば、小さなコミュニティはいつでも新しい従事者を歓迎する。この仕事は男性だけで行われるのが普通だったが、女性も一定数、従事してきた。伝統産業を存続させるべく、国立オストダンケルク水

[p.052–053] ブラバント産の引き馬が引っ張る荷車に乗り、潮が引いた北海の浜辺を行くオストダンケルクの漁師たち。

釣りざおや船を用いる
伝統的漁法と違って、
馬と引き網で漁を行う場合、
沖へ流されてしまうことを避けるため、
漁師は潮の流れや満ち干を
熟知していなければならない。

［p.054 および p.054–055］漁は干潮の2時間前から始まる。かごに適当な量のエビを集めるには3時間ほどかかる。

産博物館 (NAVIGO) が漁師になるための講習と研修プログラムを企画・運営し、その最後に卒業試験を実施している。一方、観光客向けの料理教室や試食会もあり、そこではもちろん灰色エビが登場する。1950年以来、オストダンケルクでは6月下旬にエビ祭りが開催され、食べ物の屋台が並ぶほか、コンサート、独創的装飾が施された山車や仮装した人々のエビ・パレードが行われている。

風車守の風車と水車の運転技術

キンデルダイクでは毎年夏になると、
300年近く前に土地から余剰水をくみ出すために
建てられた風車が動きだす。
ボランティアの風車守ギルドは、
技術を教えることを通じて、地域社会にとって
歴史的・文化的に大きな価値がある活動を保護している。

風車は、正真正銘、オランダの風景の象徴として広く認識されている。人間の作り出したものが風景の象徴となっている数少ない例と言えるだろう。風車はオランダのシンボルでもあり、数世紀にわたる不断の努力と創意工夫の象徴でもある。オランダ人は風車と水車を祝うため、国民の休日（5月の第2土曜日）まで設けている。風車はポルダー——運河やダムの複雑なネットワークを用いて北海を埋め立てた低地——の耕作性を守るために建てられた。現代的なポンプ場に置き換えられてはきたものの、やはり風車は紛れもなく、比類なきパノラマの「最大の目玉」である。ロッテルダム近郊の村、キンデルダイクには1740年に造られた19基の風車があり、現在は正式に保護されている。キンデルダイクがユネスコの世界遺産に登録されていることは言うまでもない。キンデルダイク（Kinderdijk）は「子どもの堤防」を意味する言葉で、地名は1420年にさかのぼるある伝説に由来する。そ

［大陸］ヨーロッパ
［国］オランダ
2017年よりユネスコのリストに登録

［p.056］キンデルダイクの風車で帆のチェックをする風車守。かつての20万基に比べれば減ったものの、オランダには今も約1000基の風車がある。［p.056-057］ポルダーや、チューリップ栽培に当てられた土地とともに、風車はオランダの田園地帯に欠くことのできない要素となっている。

れによると、大洪水の際、ひとりの幼子と1匹の猫が揺りかごに入ったまま流され、堤防に打ち上げられたのだとか。風車はさまざまな素材（わらや石やレンガ）で作られ、土台は円形か八角形のいずれかの形をしている。19基の風車はアルブラセルワールトの広大な草原の両側に立ち並び、良い風が吹いていれば、7月と8月の毎週土曜日に稼働する。そのうちの1基は、18世紀のオランダで風車守がどのような状況で生活し、働いていたのか知ってもらう目的で一般に公開されている。風車は4階建てで、1階と2階は風車守の家族の居住スペース、3階は暖炉で魚を燻製にするために使われる。最上階は回転式のキャップ（頭頂部）になっていて、中に歯車が収まっており、この構造のおかげで風向きに応じて羽根の位置を変え、海水による洪水を防ぐという基本的な目的を果たすことができる。これらの風車と水車がユネスコ文化遺産リストに登録されているのは、独特の構造もさることながら、これを操作・維持するために必要とされる技術的ノウハウや力量も理由のひとつとなっている。少数の現役風車守——全部で数十人、プラス数人のボランティア——がこうした技能を保存し、伝承していくうえで重要な役割を果たしている。1972年に設立されたギルド（組合）

［p.058］今日では数名の風車守がボランティアの力を借り、風車の歯車のメンテナンスを引き受け、効率的稼働ができるよう取り計らっている。
［p.058–059］風車の回転式キャップのすぐ下にある連動装置がポンプや搾油器やはねハンガーを作動させる。

には、インストラクターと風車守の親方（マスター）か
らなる100人以上のメンバーがおり、彼らはオランダ
人の本質的アイデンティティに寄与する活動を維持し
ているという点で、認められてしかるべき人たちだ。
このギルドは学校や訓練プログラムでの授業を推進し

ている。小麦を製粉する技術はもはや親方が弟子に直
接教えるものではなく、ギルドが教える形になってお
り、これまで2000人近くのボランティア風車守が訓
練を受けてきた。受講登録は誰でもでき、訓練を始め
ることができる。

［大陸］ヨーロッパ
［国］ドイツ
2017年よりユネスコのリストに登録

［p.060–061］1905年にヴィルヘルム・ザウアーによって製造されたベルリン大聖堂の堂々たるパイプオルガンには、1段56鍵の鍵盤が4段備わっている。

オルガンの職人技と音楽

ドイツの宗教文化の独特な表現法であるオルガン音楽は、
教会だけでなく、数多くの音楽祭で演奏され、
毎年世界中からやってくる何千人もの音楽愛好家を魅了している。
オルガンの魅力の秘密は、構成要素の品質にあり、
それらはたぐいまれな由緒ある
オルガン製作者集団によって作られている。

オルガンは常に、ドイツ音楽のアイデンティティに欠かせない要素となってきた。この楽器は主に礼拝で使われる。ルター派が大多数を占めるラント（連邦州）では、通奏低音として賛美歌に伴奏をつけたり、より明瞭かつ複雑な旋律で主役を務めたりするが、その目的は精神を向上させ、神に近づけることにある。それこそまさに、16世紀から17世紀にかけてのオルガン「黄金時代」に、ドイツの影響を受けた世界の最も偉大な作曲家たちが、おおむね宗教的文脈で演奏されることになる音楽の制作に携わった理由だ。ドイツの偉大なオルガン楽派は大きくふたつの流れに分けられる。ひとつは北ドイツの楽派。これはオランダの作曲家兼オルガン奏者、ヤン・ピーテルスゾーン・スウェーリンクのおかげもあって、16世紀に起こった楽派であり、ハインリヒ・シュッツとディートリヒ・ブクステフーデによって完成された。もうひとつは南ドイツの楽派。こちらはイタリアの音楽、とりわけジローラモ・フレスコバルディによって確立された様式に強い影響を受けていた。これらふたつの様式の融合を試み、このジャンルを頂点へと導くと同時に、史上最も偉大な作曲家のひとりとして地位を確立した人物こそ、ヨハン・ゼバスティアン・バッハであり、クラシック音楽のにわかファンのあいだでさえ、バッハはオルガン音楽の真髄として知られている。

しかしオルガン音楽がそのようなものとして存在し得るのは、それを生み出す楽器との継続的対話があってこそのこと。バロック時代から現在にいたるまで、この継続的対話によって、作曲家と音楽家とオルガン製作者とのあいだに非常に密接な結びつき——絶え間ない実験によって、オルガン自体の品質に大きな影響を与えた関係——が生み出された。オルガンという楽器は、（教会であれ、コンサートホールであれ）住み家となる場所の音響に合わせて作られる。したがってそれぞれが世界にふたつとないモデルと言えるだろう。

　オルガンの製造技術は高度に専門化されていて、楽器造りに用いる素材に関する完璧な知識から、関連する製造技術や音響学への精通にいたるまで、数々の分野の技術的専門知識が必要とされる。しかも継続的技術開発の必要性も忘れてはならないのだ。この仕事を実際に行う際の極意は、工房で勤務しているあいだにオルガン造りのマイスターから見習いへと直接伝えられ、理論的側面は専門学校やアカデミーで教えられている。現在、ドイツのオルガン製造業界は、400社以上の企業および多くの家族経営の工房からなり、雇用されている人材は合わせて約2800人。ドイツ全体のオルガン総数は、現在約5万台となっている。

［p.062 および p.063］テューリンゲン州マイニンゲンの製造所で働くオルガンの製作者。ドイツ様式のオルガンの中でもバロック様式のオルガンはとくに壮麗で、パイプが（三角もしくは半円形に）互い違いに並ぶ複雑なファサードを備えている。パイプの装飾は非常に繊細な工程だ。

王様騎行

ペンテコステ（聖霊降臨祭）では、
モラヴィアの一握りの村や町が
王様と側近の騎馬行進に参加する。
主役に扮するのは少年たちで、
中には女装をしている少年もいる。
この歴史的伝統は成人式でもある。

「山と平原に住む者たち、馬屋の者たち、見知らぬ者たち、皆、同様に、私がペンテコステについて言わねばならぬことに耳を貸すように。我らの王は高潔なお方だが、非常にお気の毒なのだ」。こうした叫びとともに、王の騎士たちが家来を護衛しながら、チェコ共和国南東部モラヴィアの村、ヴルチュノフの通りを進んでいく。この「王様騎行」は、かつて全国で広く行われていた伝統行事だが、今やごく少数の町（ハルク、クノヴィツェ、スコロニツェなど）でしか伝統は守られていない。実際、この祭りを毎年実施しているのはヴルチュノフだけで、祭りはペンテコステの時期に合わせて5月の最終日曜日に開催される。祭りのクライマックスは王と従者が馬に乗っていく行列だ。実は、これは成人の儀式で、成人した若者たちはこの間に大人の市民から歓迎を受ける。少年たちが王のお供役を務めることができるのは生涯に1度だけなのだ。「王様」に関しては、10歳から15歳の少年が務めることになっており、王様役には女の子用の伝統衣装が着せられる。騎馬行進の祭りでは、民俗芸能グループのショー、吹奏楽やポピュラー音楽のコンサート、ワインの試飲会、手工芸品の市なども開かれる。儀式は礼拝と、村長が村への入場を正式に許可するところから始まる。村の女性たちは騎士の服作りを手がけ、馬にも紙で飾りを施していく。実際、女性たちは非常に豊かな想像力を発揮し、1999年には大人用と子ども用に作られる衣装のバリエーションが最も多いということで、ヴルチュノフはギネス世界記録に登録された。王様騎行は歌手を先頭にして進み、鞘から抜いたいサーベルを手にした儀仗兵が続く。王は顔を一部隠し、口にバラをくわえている。王の従者も女装をしている。行列の参加者は見物人に金言を朗唱する。たとえば「義理の母上が一緒に行くとしても心配するな。年代物の上等なスタロホルスケ・ワインを少し飲めば、おまえの気分も良くなるだろう」といった具合に。そして、歌手たちがそのあいだに献金を集め、財布に入れたり騎士のブーツに滑り込ませたりする。

［p.064-065］モラヴィアのクノヴィツェで行われる色鮮やかな騎馬行進。
終了時には、「王の家」で音楽やダンスの催し物も行われる。

　この伝統の由来は今もよくわかっていないが、ヴル
チュノフでは1808年から定期的にこの祭りが開催さ
れており、起源がそれ以前にさかのぼることは確かだ
ろう。キリスト教の伝統的祝祭、あるいは、神々をな
だめて豊作を願った古代の異教徒たちの儀式と関連が
あるのかもしれない。代々語り継がれてきた伝承はボ
ヘミア戦争（1468–1478年）にまつわるもので、このこ
ろ、フス派のボヘミア王イジー・ポディエブラトの領

土に、義理の息子であるカトリックのマーチャー
シュ・コルウィヌスが攻め込んだ。敗北を喫したコル
ウィヌスは、敵に見つかって捕虜になることを避ける
べく女装をし、リボンで顔を覆って逃亡したが、側近
たちは臣下の者たちを養うため、地元の住民に施しを
乞わねばならなかった。こうして、遠い日のこだまが
今日まで鳴り響いているのだ。

[p.066–067] コルウィヌスが敵に見つからぬよう女の格好をしたとの伝説をしのび、「王の騎士」は伝統的習慣にのっとって女装をする。[p.067] ヴルチュノフの「騎士」が着るドレスの詳細。衣装の形や装飾は毎年変わる。

モハーチのブショー祭り
——仮面をつけた冬の終わりの祭りの慣習

[大陸]ヨーロッパ
[国]ハンガリー
[都市]モハーチ
2009年よりユネスコのリストに登録

ハンガリーで最も古いカーニバルでは大きな木製の仮面と羊の毛皮の衣装を着た男たち、
ブショーが登場し、トルコ人を撃退した1526年の大勝利を再現する。
この伝統はハンガリーの少数民族クロアチア人によって始められた。
そして祭りの終わりには中央広場で火が焚かれ、冬を象徴する棺が燃やされる。

「ポクラダ、ポクラダ！」カーニバルの祭典初日に子どもたちが叫んでいる。その祭りは聖木曜日にモハーチで始まる。モハーチはハンガリー南部の人口2万人の町で、ブダペストに次ぐハンガリー第2位の商業港でもある。ポクラダ（もしくはブショーヤーラーシュ）はハンガリーで最も古いカーニバルで、究極のお祭り騒ぎとも言うべき機会であると同時に、歴史的、伝説的出来事を記念する機会でもある。祭典は、この町に数世紀

にわたり暮らしている少数民族クロアチア人によって始められた。四旬節の6日前になると、ぼろをまとった子どもたちが通りにあふれ、地元の女性たちにおがくずや灰や小麦粉を投げつけて遊びだす。日曜日には男たちが大きな木製の仮面をつけ、羊の毛皮の衣装をまとい、角とカウベルを身に着けて「ブショー」に扮する。馬車や（ドナウ川を下る）手漕ぎボートなど、さまざまな手段で町に到着したブショーたちは、角笛の音を

[p.068]羊の毛皮と仮面を身に着けた男たち、ブショーがまだ雪に覆われた通りを歩いていく。[p.069 および p.070–071]ヤナギの木を彫り、角をつけた仮面の一例。昔は、生きた動物の血で仮面を染めていた。

合図にコーロー広場へ集まり、そこでふざけたり、い
たずらをしたり、大きな焚き火の周りで、振って音を
出す楽器や鎖のついた杖、さらには大砲の発射音のリ
ズムに合わせて熱狂的に踊ったりする（広場の名の由来
となった古代の踊り、コーロー）。ブショーはその衣装と
動きから、16世紀にモハーチから追い出されたトル
コ人にまつわる民間伝承を想起させる。伝説によると、
ドナウ川の小島に逃げていたモハーチの村人たちが恐
ろしい仮面を作ってかぶり、カウベルを腰にくくりつ
け、川を渡ってトルコ人を威嚇したところ、トルコ人
は逃げだし、二度と戻ってこなかった。カーニバルの
最終日、マルディ・グラ（告解の火曜日）になると、通り
は音楽で活気づき、フリッターやロールキャベツを売
る屋台、ヤナギ製のオブジェや仮面を作る彫刻師な
ど、職人の実演でにぎわいを見せる。そして中央の広
場では春の到来を歓迎すべく、つらく退屈な冬が棺に
入れられ、焚き火で燃やされる。

[p.072] カーニバルの日曜日に、モハーチのコーロー広場で熱狂的に踊るブショーたち。ブショーは皆、踊りやいたずらに参加する。[p.072−073] 祭りを締めくくる行列は市庁舎を目指す。そこで市長がブショーを出迎え、パンとワインとグラッパを捧げる。

スペイン乗馬学校の
古典馬術

［大陸］ヨーロッパ

［国］オーストリア

［都市］ウィーン

2015年よりユネスコのリストに登録

エレガントなリピッツァナー馬と燕尾服を着た騎手たちが、
中世の戦いや馬上試合やルネサンスの馬術と思わせる光景へと乗馬を変貌させる。
スペイン乗馬学校で採用されている乗馬マニュアルはない。
400年以上にわたり、すべての事柄が代々口頭で伝えられてきたのだ。

彼らはまるで踊っているかのように、ベートーヴェン、モーツァルト、シューベルト、シュトラウスの音楽に合わせて、まさに息をのむほど優雅に動き回る。ウィーンにある世界最古の馬術専門学校「スペイン乗馬学校(Spanische Hofreitschule)」でリピッツァナー馬のショーを見れば、忘れられない体験になるだろう。それは馬を愛する人に限った話ではない。かつてハプスブルク家の居城だったホーフブルク宮殿の一角に冬季乗馬学校が建てられた。この18世紀の舞台で行われる公演と朝の調教は、ヨーロッパ各地から人々を引きつけている。彼らが見にくるのは、中世の宮廷で行われていた馬上競技大会を思い起こさせる驚くべき数の高等馬術──たとえば、8頭もしくは12頭の馬がすべて一緒に動くカドリール、2頭の馬が鏡に映されたように動くパ・ド・ドゥ、通常、同じ場所でリズミカルに速歩をするピアッフェなど──である。ヨーロッパで最も古い馬場馬術用の馬の中でも、リピッツァナー馬は驚くべき品種であろう。頑強である

［p.074］スペイン乗馬学校の騎手が公演中に身に着ける衣装は過去を思い出させる。衣装はウサギの毛皮で作った二角帽、縦2列に6個ずつ真鍮のボタンが並ぶウーステッドの茶色い燕尾服、シカ革製の白いズボン、黒い革のブーツ、手袋で構成される。［p.075］金の刺繍が施された騎手の鞍敷。リピッツァナーの毛色は、生まれたときには黒いが、成長するにつれ、薄いグレーになり、さらに白くなっていく。

［p.076–077］ウィーンのスペイン乗馬学校で使われる唯一の馬種、リピッツァナーは、皇帝マクシミリアン2世の弟がリピッツァ（現在のスロヴェニア）に設立した王室の飼育場にちなみ、そう名づけられた。

で気品があり、運動神経も発達している。このような特性が最大限に発揮されるのは、難易度が最も高い馬場馬術——たとえば、後ろ脚で立って「ジャンプ」をするクールベット、4本の脚すべてを浮かせて跳躍し、前脚を体の下に引いたまま後ろ脚で蹴るカプリオール、後ろ脚で「立ち」、数秒間、その姿勢を保つルバード——を披露するときだ。これらの動きはサーカスの曲芸とはまったく違う。リピッツァナー馬の場合、最も複雑な動きでさえ、シュタイアーマルク州の牧草地——遺伝的純正の管理を担うピーバー飼育場の所在地——で自由に走り回り、思いのままに遊び、跳びはねていた子馬のころの自然な動きが土台になっているのだ。複雑な動きを披露させる秘密は、馬にそれらの動きを意のままに実行させることにあるが、それは報酬（角砂糖と愛撫）と、決して暴力的ではない罰にもとづく訓練のたまものであり、訓練はおおむね同じ練習の反復によって成り立っている。馬がいよいよ人前で演技をする準備が整うまでに5年を要するが、調教師は、そのまま馬の騎手ともなる人物であるため、訓練中は馬と共生に似た絆を確立しようと努める。数世紀もの歴史を有する高等馬術の知識と極意を生徒に教えるのは、熟練の騎手、ライター（reiter）たちだ。選抜は非常に厳しく、入学、あるいは騎手になることを認められる候補者はごく少数しかいない。そうあるべきなのだ。何と言っても、彼らはこの遺産を後の世代に引き継ぐ責任と誇りを持つことになるのだから。

ナポリピッツァの職人技

「真の」ピッツァの紛れもない香りは、
ピッツァ職人（ピッツァイオーロ）の優れた技のおかげでもたらされる。
職人は自分たちの技術を実に華やかな一連の動きで
順序正しく表現していくが、この動きは数世紀にわたって
受け継がれてきた経験と、生地に必要な弾力を
確実に持たせるスキルのたまものなのだ。

世界中でナポリのシンボルとみなされているピッツァは、長い伝統を誇っている。ピッツァイオーロが熟練の域にあることを示す標章がなければ、いかなるピッツァも「真の」ナポリピッツァを名乗ることはできない。ピッツァイオーロはピッツァに独特の香りを添える秘密の守護者であり、しかるべき職人だけが確実に正しい調理を行うことができる。ピッツァ作りの手順は、生地をこねるところから焼くところまで、さまざまな段階で構成される。昔からこれらの技術はピッツァ店の厨房で習得されてきた。今はナポリのアカデミーで技術を教えている。生地をこね終えたら、そのまま数時間かけて発酵させ（プンタータ）、その後ピッツァイオーロが手でパネッティ、すなわちボール状に成形していく（この過程はスタッリォと呼ばれる）。それが済んだら、生地を再び発酵させ、広げて延ばす過程（アンマッカトゥーラ）へと入っていく。ボール状の生地が膨らみ、十分弾力が出てきたことがわかると、職人は生地を押して円形に伸ばし、発酵の過程で生じた空気を外縁（コルニチョーネ）に移動させる。それから、生地を叩いたり、宙に放り投げてくるくる回転させたりしながら円形に延ばし、生地全体に空気を分散させる。言うまでもないが、ここが最も見応えのある過程だ。最後に具材を載せ、薪窯に入れて焼けば、ピッツァが出来上がる。

［大陸］ヨーロッパ
［国］イタリア
［都市］ナポリ
2017年よりユネスコのリストに登録

［p.078］ピッツァの職人技は、カウンターの向こうで社会的儀式が行われているということもあって、ユネスコの文化遺産に登録された。カウンターは一種の「ステージ」であり、友好的な雰囲気の中、ピッツァ作りはこのステージで客と共有される。［p.078–079］真のナポリピッツァは薪窯で焼かねばならず、この過程が紛れもない芳香をもたらす。

巨大な構造物を担いで
行列する祭礼

イタリアで最も人気があり、
最も心に触れる宗教行事に数えられる
「巨大な構造物を担いで行列する祭礼」では、
信仰と伝統と文化的アイデンティティが
ひとつにまとまる。
これらの祭礼の特徴は、
守護聖人の彫像を飾りつけた
複雑で巨大な構造物が使われ、
それが何百人ものボランティアによって
通りを運ばれていくことだ。

8月と9月にイタリアのいくつかの都市でさまざまな行列を活気づける大がかりな「山車」マッキネは、移動式の宗教モニュメントであり、これには計画の段階から地域社会全体がかかわっている。コミュニティの人々は、構造物の建造と、それを運ぶ複雑な段取りを計画しなければならない。また、彼らはこれまで、この古い伝統を守ってきた都市——燭台の降臨（ロウソク祭り）のサッサリ、ユリ祭りのノーラ、ヴァリア（聖なる荷車）祭りのパルミ、サンタローザの山車のヴィテルボ——で共有されるネットワークも築いてきた。

サルデーニャ島サッサリの祭典は必ず8月14日に行われる。はるか昔、この町をペストから解放したと言われている聖母マリアに立てた誓いを守ってのことだ。「降臨」は踊りの行列で表現され、その間に巨大なロウソクにそっくりな高い木の柱が、さまざまな商業・手工業のギルド（同業組合）を代表する担ぎ手チームによって町を運ばれていく。

ノーラのユリ祭りは、日曜日に当たる場合は6月22日（そうでなければ22日直後の日曜日）に開催され、この祭りではギルドが主役も務めている。というのも、化粧漆喰（スタッコ）で豪華に飾り立てた高さ25mもの巨大な木造のユリに、それぞれギルドの名がついているからだ。祭りには、パウリヌス司教の犠牲を記念して名づけられた聖パウリヌスの舟も登場する。パウリヌスは、西ゴート族に囚われ奴隷にされていたノーラの市民を救うため、全財産を投げ出し、人質として自らを差し出した人物だ。

8月の最終日曜日、大砲の発射を合図に始まるのは、町の守護聖人、聖

[大陸]ヨーロッパ
[国]イタリア
2013年よりユネスコのリストに登録

[p.080-081]ユリ祭り、フェスタ・ディ・ジーリのため、人で埋め尽くされたノーラのドゥオモ広場。8基の巨大な「オベリスク」とバルカ（舟）は、まず地元の司教から祝福を受け、その後、さまざまなスキルを披露し、競い合うべく運ばれていく。

塔のごとくそびえる
神秘的な「山車」が、
行列で運ばれていくさまは、
中世の祭典を思わせる。
その時代の市民はより重たいもの、
より複雑な構造物を築くことによって
神に近づきたいと願った。

[p.082] ノーラの祭りで、「ユリ」の構造物はそれぞれ128人の「クラットー
リ」が運んでいく。クラットーリは「揺らす」を意味する動詞「クッラー
レ」から派生した言葉で、屈強な男たちが動きを合わせ、構造物を揺ら
しながら運んでいくことからそう呼ばれている。[p.082−083] それぞれ
の山車にバンドが乗って行列に同行し、ナポリの伝統的な音楽を演奏
する。

母マリアを祝して行われるパルミのヴァリア祭りだ。聖母被昇天を表す聖なる荷車は、木製の台座と鉄の芯からなり、高さは16m、重さは20トンにもなる。それをムブッタトゥーリ（引き手）と呼ばれる200人の若者が肩に担ぎ、大通りを運んでいく。若者たちはそれぞれ、職人、牛飼い、車大工、農民、船員の5つのギルドに属している。荷車の上には宗教上の人物を表した作品が飾られ、その上に祭りの前の晩に選出された少女が乗っている。少女は被昇天の聖母を表現し、観客に祝福を施す役を務める。これは人の感情に訴える

光景だが、それはイルミネーションに照らされた高さ約30m、重さ5トンを超える塔、マッキナ・ディ・サンタ・ローザ（サンタ・ローザの山車）も同様だ。9月3日、この山車が守護聖人の像を載せてヴィテルボの通りを運んでいく。祭りは1258年にサンタ・ローザの遺体がサンタ・マリア・デッレ・ローゼ教会へ移されたことを記念している。山車は約100人の運び手が肩に担いで運んでいく。光り輝く山車は、古き時代の雰囲気を作り出している。

伝統的なヴァイオリンの製作技術

アンドレア・アマーティからグァルネリに
アントニオ・ストラディヴァリ、そしてこの伝統を
受け継いできた現代の職人にいたるまで、
クレモナのヴァイオリン作りの卓越性は、
マエストロから弟子へと伝えられてきた技術と
専門知識のおかげで何世紀にもわたり維持されてきた。
これらの技能は、創造的才能と工房での積極的実践を通じて
得られる具体的な知識が見事に結びついた結果である。

クレモナは、学生、音楽家、コレクター、職人、一般の観光客が生み出す肥沃で国際的なネットワークの中心地となっている。人々がロンバルディアのこの町に引き寄せられるのは、ヴィオラやチェロ、コントラバスといった弦楽器、とりわけヴァイオリンの製作と修復を行う工房の比類なき能力に魅了されるからだ。これは後期ルネサンスの熟練の職人技に起源をさかのぼる芸術であり、数世紀にもわたり、クレモナのアイデンティティと経済を築き上げてきた芸術であり、現在クレモナでは150以上もの専門工房が稼働している。ヴァイオリンはクレモナの名や、ふたりの傑出した弦楽器製作者、アントニオ・ストラディヴァリとジュゼッペ・グァルネリ・デ

［大陸］ヨーロッパ
［国］イタリア
［都市］クレモナ
2012年よりユネスコのリストに登録

［p.084］組み立てられたヴァイオリン。各楽器は約70種類のパーツで構成されている。［p.084–085］クレモナの国際ヴァイオリン製作学校（I.P.I.A.L.L.）で仕事をする熟練の弦楽器製作者。

ヴァイオリンを作る際に使われる木の種類が
完成した楽器の響きを左右する。
かつてクレモナの熟練した弦楽器職人は
使用する木材の種類を限定していた。
現在、彼らの「末裔」たちは、
ヴァイオリンの裏板にはメイプル材、
表板にはスプルース材を好んで用いる。

[p.086] ここに見られる渦巻きなど、楽器のすべてのパーツは審美的、実用的理由から、細心の注意を払って用意され、組み立てられる。装飾に見えるかもしれないいくつかの細部も、実は楽器の音に欠かせない要素なのだ。[p.087] いわゆるf字孔は共鳴板にあり、楽器の共鳴を強める役に立っている。

ル・ジェスを広く連想させる象徴的存在となっている。ふたりの天才は1600年代後半から1700年代前半にかけて活躍し、この分野で最も優れた職人であることを証明した。以来、どこまでも丹念に作り上げられた彼らの弦楽器は、比類なき音楽家ニコロ・パガニーニから、現代のヴァイオリン奏者ウート・ウーギ、イツァーク・パールマンまで、世界中の巨匠に求められ、使用されてきた。

　輝かしいクレモナの伝統を今に受け継ぐ人々の貴重な証言は、2013年にオープンしたヴァイオリン博物館に保管されている。職人たちはほかに類を見ない楽器を作ることによってこの技を今も磨き、その発展に努めており、美的品質と音楽的品質の両方を重んじる製作のプロセスもまた、楽器と同様、ほかに類を見ない。楽器をひとつ作るには、何百時間にもおよぶ作業と、何十という小さな木の部品の組み立てが必要となり、製作はプロジェクトの図面に示されている計画に従って行われる。木材は厳選され、自然乾燥したものが使われる。さらに、工業材料や工業製品の助けは借りず、テクノロジーやスプレー式塗料も用いず、製作はすべて手作業で行われる。ひとりの弦楽器製作者が1年に多くとも3挺から6挺しか生産できないのはそのためだ。

　17世紀になると、弦楽器製作者の仕事に、多くの場合、家族全員がか

かわり、工房に加わるようになった。仕事は手本を見せる、あるいは直接経験することを通じて父から息子へ、師匠から弟子へと受け継がれた。現在は、長期にわたる見習い期間に先立ち、クレモナ国際ヴァイオリン製作学校で専門課程が学べるようになっている。1938年の設立以来、世界中から学生が集まってくるこの学校は、教師と学生のあいだに密接な協力関係が築かれる点が際立っている。さらに、講義中心のプログラムの補完として、音楽、音響物理学、製図といった理論科目を研究室で学ぶ時間が設けられている。これらはすべて、世に知られたクレモナの楽器の卓越性を実現するうえで必要不可欠な要素なのだ。

[p.088–089] 技術的なノウハウに加え、弦楽器製作者は音の純度と表現性を評価するため、音楽的な知識も持っていなければならない。

［p.090-091］人形は過去の歌や叙事詩の主人公が演じられる。最も人気のある人物としては、シャルルマーニュに仕える勇士オーランド（ローランド）、リナルド、ルッジェーロのほか、美しいアンジェリカ、女戦士ブラダマンテが挙げられる。

オペラ・デイ・プーピ
——シチリアの人形劇

愛と死、忠誠と反逆、信頼と名誉、口論と武器による決闘。
シチリアの人形劇という呼び名でよく知られている操り人形劇は
ほぼ3世紀にわたり、このような中世およびルネサンス時代の
テーマを演じることに磨きをかけてきた。
騎士の伝説、民間伝承、歴史上の出来事を取り上げる人形劇は
島で最も本格的かつ人気の高い娯楽のひとつとなっている。

ぎらぎらした目、派手な衣装にマント、金属の甲冑を身に着けたシチリアの人形(パペット)は、木片を彫刻して作る正真正銘の芸術品であり、古い時代の操り人形(マリオネット)が技術的に進化したものだ。こうした人形は、人形劇の作家であり演出家でもあった人形師によって息を吹き込まれてきた。人形師は背景幕の後ろに隠れ、人形の体に取りつけた金属棒を操りながら、人形に声と動きを与える。この金属棒がパペットとマリオネット(太い糸を使用)との違いであり、人形師は金属棒のおかげで舞台上のさまざまなキャラクターに素早くリアルな演技をさせることができる。人形師の力量は、登場人物に合わせて声色を変えることだけでなく、効果音や背景の雑音を加えたり、甲冑をぶつけ合うなど、リアルな動きをさせたりすることで演技を盛り上げる能力にも見出せる。古い形ではあったものの、シチリア島には18世紀からマリオネットの人形劇が存在し、19世紀になってようやく本格的な人形劇へと発展した。その当時、島の町には必ず人形師の一座が存在した。下層階級の中から生まれた人形劇だが、人形師たちは『ローランの歌』、『狂えるオルランド』といった叙事詩を暗記していた。こうした巡回人形劇で最も人気のあるテーマは、シャルルマーニュ(カール大帝)の騎士とイスラム戦士との戦いだった。人形はそれぞれ特定の戦士の衣装を身に着け、甲冑とマントの種類によってどの人物か容易に区別がついた。王は常に豪華な衣装をまとい、王冠によってはっきり見分けがついた。王冠に十字架が飾られていれば、それは神聖ローマ帝国皇帝シャルルマーニュ(800年に戴冠)であることを示していた。シャルルマーニュに仕える勇士たちとムーア人との「道徳的格差」も、衣装や身体的特徴に現れていた。キリスト教の守護者たちは顔つきも声も穏やかで、キルトとマントで飾られた甲冑に身を固めているが、ムーア人はどら声で、濃い口ひげを生やし、伝統的なターバンを巻いており、甲冑には半月が描かれている。黒い服、人を不安にさせる顔、そして不気味な記章。これを目にした途端、

人形は、シチリア島の二大流派のうち、
どちらに属しているかで区別できる。
パレルモ派の人形は軽くて動きも機敏、
高さは約80cm、重さは8kg以下。
一方、カターニア派の人形は、
高さが1.4m、重さは16kgから20kg。

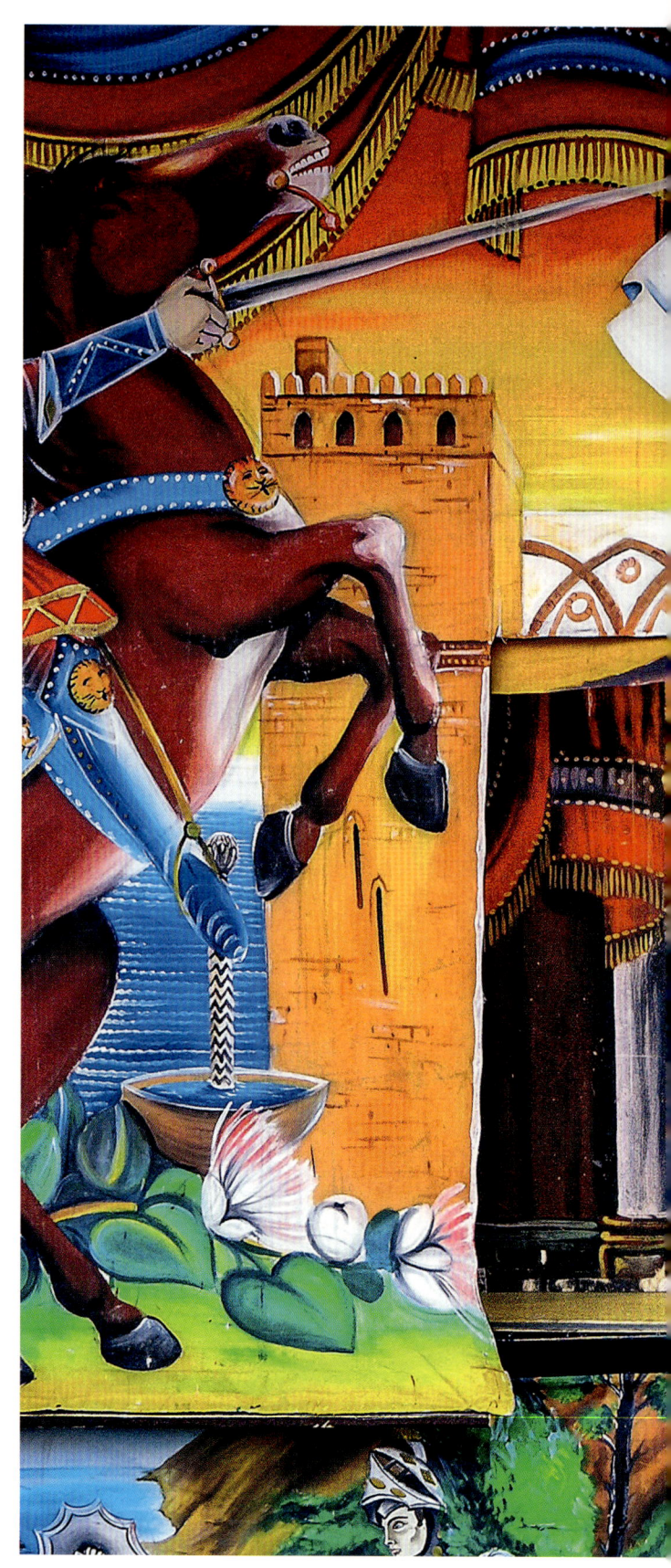

[p.092] シチリアで最も重要な人形師兼演出家に数えられるミンモ・ク
ティッキオの人形劇。クティッキオの人形は、『イリアス』や『オデュッ
セイア』や『マクベス』も演じる。[p.092–093] オノフリオ・サニコラによ
る人形劇の一場面。舞台背景美術もまた、手作業で造られ、描かれた
芸術作品だ。

観客はキリスト教徒に対抗する反逆者を思い起こした。こうした要素は子どもを楽しませるために作り出されたものだが、これがあったおかげで、シチリア人形劇は大人の注目も集めた。大人たちは、検閲を免れると

いう人形劇にのみ与えられた自由に魅了されたのだ。多くの場合、人形劇の公演には少しであれば風刺が許され、それは支配階級や教会に向けられるのが普通だった。

［大陸］ヨーロッパ
［国］ギリシャ
2015年よりユネスコのリストに登録

［p.094–095］ティノス島のピルゴス美術学校の彫刻工房。［p.095］制作中
のピルゴスの彫刻家。工房では、彫刻家がこの芸術に関する知識をひ
とりかふたりの弟子に伝えており、弟子は家族であることが多い。

ティノス島の大理石の職人技

ギリシャのキクラデス諸島に住む人々は大理石を彫ることで
知られている。そして彫像の堅固な台座のごとく、大理石は
彼らの歴史的・文化的アイデンティティのよりどころとなっており、
ほぼどこへ行っても、ティノスの宗教的・神話的遺産に
着想を得た大理石のオブジェや帯状装飾を目にすることができる。

光り輝き、硬くて壊れにくい大理石は、時の流れによる劣化を拒み、偉大
な芸術家たちの特質を伝えることができる。ティノスの小さな島では、大
理石彫刻が数千年にわたり受け継がれてきた。大理石職人はこの石の構造
や特性に関する総合的知識を持っており、石の縞模様を生かして、彫刻を
より美しく見せる達人なのだ。島民は紀元前14世紀に大理石の彫刻を始
めた。現代のアトリエでは、さまざまなモチーフやパターン（花、植物、鳥、
船など）が製作され、（大理石と同様、白い）家のルネット［扉や窓の上部に設ける
半円形または弓形の窓］から道路標識、教会、墓石にいたるまで、ほぼすべて
のものを飾っている。これらの装飾には、幸運をつかまえ、悪の影響をか
わすべく神々をなだめるという先祖代々続く伝統が受け継がれている。生
殖能力を高める魔法のシンボルまであるのだ。今も数々の美術館が、最高
の彫刻を手に入れてコレクションに加えようと競い合っている。職人たち
は大規模なプロジェクトにグループで取り組むこともあり、こうした活動
が豊かな文化遺産に寄与し、伝統的な技術やノウハウを確実に次の世代へ
伝えることになる。ティノスの大理石職人の豊富な経験と才能を考えれば、
彼らが紀元前19世紀にパルテノン神殿など、アテネの重要な建造物や記
念碑の装飾・再建にひっぱりだこだったのも当然だ！

［p.096–097］シャウレイ市近郊にある十字架の丘の興味深い光景。丘には10万本以上の十字架がある。

［p.097］十字架の中には、ソビエト占領（1940–1941年）への抵抗を記念して彫られたものもある。当時ソ連は十字架の製作を禁じようとしたが、失敗に終わった。

十字架工芸とその象徴

木の十字架はリトアニア・コミュニティの
最も強力なシンボルのひとつ。
歴史的に、キリスト教徒（といっても異教徒の遺産も有するが）の十字架は
数世紀ものあいだ、墓地や交差点や村の入り口を飾り、
旅行者を守り、死者を追悼してきた。

リトアニアを旅する人は皆、遅かれ早かれ、全国に点在する多数の十字架のいずれかを目にするだろう。忠実な信者は十字架を頻繁に訪れて祈りを捧げるのを常とし、ときには食物やロザリオを捧げ、お金を捧げることさえある。これらの十字架はオーク材を彫って作られ、通常、高さは1mから5mになる。たいがい花模様や幾何学模様が施されており、小さな聖母マリア像や守護聖人の像を支える役割を果たしていることもある。十字架は、リトアニアがカトリックに改宗した15世紀から立てられるようになった。ただ、この地には古い時代のある種の異教信仰や農村の儀式に関連する習慣が生き残っている。それは十字架の装飾にしばしば見出され、宗教の複雑な融合を証明する存在となっている。リトアニア人はコミュニティの象徴として十字架を取り入れ、数世紀にわたり、人々が集う場所として利用してきた。正教会に属するロシア帝国に併合されたとき、十字架はリトアニアの象徴となった。ソビエト政権が十字架を禁止しようとしても、十字架の重要性が変わることはなかった。それどころか、十字架はリトアニアのアイデンティティを象徴するものとして、さらに大きな役割を担った。今日まで、十字架工芸（リトアニア語でkryždirbystėクリージュージルビステー）は職人の工房で行われており、工房では木彫りの極意が師匠から弟子へと直接伝えられている。

ジャマ・エル・フナ広場の
文化的空間

マラケシュの中心地、ジャマ・エル・フナ広場は、
地元の人々はもちろん、
世界中の商人や観光客が頻繁に訪れる
色とりどりの小宇宙だ。
スパイスの香りと、東洋音楽の響きと、
伝統的な吟遊詩人が朗誦する魅惑的な物語が、
この広場をモロッコでも指折りの
生き生きとした独特の場所にしている。

クトゥビーヤ・モスクの印象的なミナレット[信徒に祈禱の時刻を告げるための光塔]の足元に横たわるジャマ・エル・フナ広場は、11世紀以来、モロッコの4つの帝都の中で最も重要な都市マラケシュの活気ある中心地となっている。マラケシュは、ベルベル人のムワッヒド朝に征服された12世紀に徹底的に再建された。メディナ（旧市街地）の入り口に位置するジャマ・エル・フナ広場は、地元の人々と観光客の重要な出会いの場となっている。また、近くにカスバやスーク（地元の人々がよく訪れる典型的な屋内市場）があるおかげで、広場はマラケシュの商業、文化、宗教の十字路にもなっている。

　広場で行われる活動は、その日の時間帯によって異なる。日の出から夕方近くまで、広場では大きな市が開かれ、幅広い商品が提供される。一般的なものとしては、生地、衣類、敷物、絨毯、さまざまな種類の帽子（有名なフェズ、正しくはタルブーシュと呼ばれる、堅めの赤いフェルトでできた円錐台形の帽子など）のほか、地元の人たちがよく履くカラーレザーのスリッパが挙げられる。食べ物も、デーツからパン、ダチョウの卵、絞りたてのオレンジジュースまでと品揃えは豊富だ。また、広場には野外アトリエとも呼ぶべきもの——商売の秘訣を少しばかり披露してやろうと思っているさまざまな職人たち——がひしめいている。多彩な色と甘い香りに包まれた非常に活気のあるこの雰囲気の中、ヘナ・タトゥーのアーティストや占い師、にせ医者、呪医、説教師、スパイス売りも商売をしている。ヘビ使いや猿回しまで登場し、注目を集めようと競い合っているのが見られるだろう。

　日没が近づくと、露天商人たちは店じまいをして広場を去る。するとそこは、イマジゲン（ベルベル人）のミュージシャン、グナワ民族のダンサー、吟遊詩人（イマヤゼン）のための野外劇場へと様変わりする。彼らは、シン

［**大陸**］アフリカ
［**国**］モロッコ
［**都市**］マラケシュ
2008 年よりユネスコのリストに登録

［p.098–099］ジャマ・エル・フナ広場はマラケシュの中心地。日の出から
夕方までは大きな市が開かれ、日が暮れてからは、あらゆるタイプの
ミュージシャンやアーティストのパフォーマンスで活気を呈す。

伝説によると、
広場ではかつて公開処刑が行われ、
死刑囚の首は見せしめとしてさらされたままになった。
現在は音楽とマグレブ文化の活気のおかげで、
広場はまったく異なる雰囲気を帯びている。

[p.100]地元の人々と観光客が自発的に出会い、楽しむ場であるこの広場は、今やマスツーリズム
とグローバリゼーションの脅威にさらされている。これもユネスコが広場を保護することに決め
た理由のひとつだ。[p.100–101]ジャマ・エル・フナ広場にはスパイスの香りと色があふれている。
中世以来、スパイスは東洋から歴史的交易路を経てここへやってくる。

ティール（北アフリカ特有の弦楽器）で演奏する魅惑的な中東のメロディーや、ベルベル語、アラビア語で語る古くからの物語や伝説で観衆を楽しませる。広場には即席の屋台が何十軒と立ち並び、そこをぶらぶら散策しながら、目の前で調理をしてくれる地元の美味しい名物料理を試食することもできる。広場に並ぶ多くの

カフェのどこかに座って、ミントティーを飲みながら景色を楽しむのもいいだろう。ミントティーはモロッコだけでなくマグレブ全域でよく飲まれており、個人の家では、もてなしと友情の証しとして熱いうちに勧めるのが伝統となっている。

［大陸］アフリカ

［国］モロッコ

［都市］タンタン

2008年よりユネスコのリストに登録

［p.102-103］ライフル銃を持った騎手たちの突撃。タンタンで毎年行われる遊牧民の集会で最も見応えのあるショーのひとつ。［p.103］ムッセムでは伝書バトの競技会や交換会も開催され、その後、ハトたちは最も輝かしい訪問者へ敬意を表して空へと放たれる。

タンタンのムッセム

魅力的な儀式と平和的共存を特徴とする
祭りに参加するため、毎年、サハラ・アフリカの各地から
遊牧民族がタンタンに集まってくる。
伝統に富むこの祭りは、商品の売買や交換を促進し、
サハラ・アフリカの社会的・文化的価値を
維持するために始められた。

何千人もの遊牧民のキャラバンが、遠くの文化の名残を運んでモロッコの
いくつかの都市に（アフリカの中心部からも）集まってくる。これはムッセム
と呼ばれる集会で、宗教的祝祭や、農産物・家畜の品評会の場でもあり、
皆で集まり、自分たちの文化やアイデンティティを親戚や友人と共有する
機会でもある。5月には、セネガルからニジェールまで、アフリカ大陸北
西部の30以上の部族がモロッコ南部のタンタンに集結する。何百ものベ
ドウィンのテントが町にあふれ、その中は青い服のトゥアレグ族、白い服
のアラブ人、長いドレスと宝石とヘナ・タトゥーを身に着けた女性たち、
子どもたちで埋め尽くされ、ラクダまでそこにいる。ムッセムを開催する

タンタンの入り口には、目印としてラクダの像がふたつ置いてある。1963年に始まったムッセムは、治安上の問題で1979年から長期にわたり中断されていたが、その後、モロッコ政府の積極的関与と尽力のかいもあって2004年に復活し、その結果、タンタンは遊牧文明の中心地となった。大西洋の海岸沿いで開かれる集会は、部族長たちが顔を合わせ、さまざまな民族文化について議論する会議の場であり、手工芸品を展示する場であるほか、コンサートやダンス、料理の披露、口頭伝承の朗唱、人気のあるゲーム、結婚式や宗教儀式、乗馬ショー、見応え満点のラクダレースも行われる。昔からタンタン——この擬音名は井戸から引き上げられるバケツの音を彷彿とさせる——は、家畜を移動させる羊飼いたちの出会いの場であり、砂漠の民が水や食糧を調達できる場所だった。現在タンタンには国内で2番目に重要な漁港がある。ムッセムは、平和と寛容の旗印のもと、象徴、経験、知識、伝説、社会的道徳観といった共有遺産の名のもとに行われるが、この共有遺産はこうでもしないと永遠に失われてしまう危険がある。これは砂丘の中で数千年にわたって発展してきたひとつの世界であり、ハッサン語——サハラ西部で話されるアラビア語——で伝えられてきた世界なのだ。ムッセムの祭りのあいだ（通常5日間続く）、テントの下から聞こえてくるのはハッサン語で歌い語られる詩の朗誦だ。このテントはハイマとい

い、ベルベル人の女性たちがヤギやラクダの毛を織って作るが、毛は子ど
もが生まれるときと同様のテクニックを用いて刈られている。ムッセムの
あいだ、テントは細かい社会規範に従って配置され、客人用、職人用、宗
教的目的で使われるテントもあれば、結婚初夜の儀式に使われるテントも
ある。また、テントはすべて、神聖な方向である東もしくは南東を向いて
いる。目下、遊牧民たちは、経済的変化、技術開発、都市化、農村地域や
農村生活の放棄といった脅威から自分たちのライフスタイルを守ろうとし
ている。

[p.104]儀式のあいだ、女性たちは豪華な装飾が施されたロングドレスと宝石を身に着け、ヘナで
手にペイントを施す。[p.105]集会は部族長たちが顔を合わせる機会でもあり、多くの興味深い儀
式の場でもある。伝統的な音楽と踊りは、古い儀式、求愛のしきたり、歴史的かつ伝説的な出来
事を思い起こさせる。

［p.106］ベルベル人の女性にはヘナで手にペイントを施す習慣がある。メヘンディとよばれる一時的なタトゥーは幸運を呼び、魔除けになると言われている。［p.106–107］家族全員でムッサムに参加することにより、伝統が確実に次世代へと伝わっていく。

マキシの仮面舞踏

［大陸］アフリカ
［国］ザンビア
2008年よりユネスコのリストに登録

ザンビアにおいて、思春期の男子が大人になる儀式は、
地域社会の宗教的、社会的、文化的価値を維持し、次世代に伝える手段でもある。
成人の手ほどきを受ける者たちが身に着ける仮面は、彼らを指導するために
この世へ戻ってくると言われている先祖の霊を象徴している。

ザンビアの北西部および西部の州に暮らす人々にとって、思春期の終わりは独特の儀式が行われる時期と一致する。少年たちにこれから担うべき社会的役割と責任を自覚させ、未来と向き合う覚悟をさせる儀式だ。ルヴァレ族、チョクウエ族、ルチャジ族、ンブンダ族で構成されるコミュニティ、ヴァカ・チヤマ・チャ・ムクワマイに属する少年たち（8〜12歳）は、ムカンダという成人の儀式を通じて男になる準備をする。その儀式には、割礼、度胸試し、過酷な環境で生き延びるすべを学ぶことに加え、品行、性生活、自然、宗教に関する教育も含まれる。ムカンダが行われるのは5月から10月の乾季の時期で、儀式は1か月から3か月続く。その後、少年たちはマキシと呼ばれる大きな木製の仮面を身に着けて村に戻ってくるが、仮面はそれぞれ、特定のタイプのキャラクターに対応している。たとえば、チサルケの仮面はカリスマ性のある強い男、プウェボの仮面は理想的な女性を象徴する。ムカンダの「統治者」であるムパラは、超自然的な力に恵まれている。儀式に参加する際、少年たちは仮面をかぶったまま村を出て森に入るが、これは子どもとしての人生との離別を象徴している。彼らの帰還は、全村民が参加するダンス（これもマキシと呼ばれる）で祝われる。

［p.108］マキシの仮面をかぶる少年たちにとって、仮面は思春期の終わりと、成人男性としての再生を象徴している。［p.109］ザンベジ川の岸辺に立つこの少年は、成人期の始まりを示す、50の恒例行事のひとつに参加している。

ザフィマニリの木彫知識

[大陸]アフリカ

[国]マダガスカル

2008年よりユネスコのリストに登録

かつてこの島に広まっていた芸術の唯一の守り人である「森の民」は、
文化的・社会的意味に富んだ装飾を作り出すため、必要な分だけ貴重な木を切って彫刻し、
壊れやすい環境と見事に共生している。

ザフィマニリはベツィレオ族の一部をなす民族で、人口は3万人足らず。マダガスカル南東部の深い森に覆われた高地に点在する村で暮らしている。なぜそのような人里離れた厳しい環境にある地域に定住したのかは誰にもわからない（定住化は2、3世紀前のことと思われる）。戦争や迫害から逃れてきたのかもしれないが、おそらく数十種のさまざまな植物や木で構成される豊かな森を守りたいと考えたのだろう。ザフィマニリ族は森から採ってくるシタンを用い、家、家具、道具類、楽器、墓など、ほぼすべてのものを作っている。この活動は職人技ではなく、むしろ真の芸術と見なされるべきであり、マダガスカルでこの芸術を実践している人々はもうザフィマニリしか残っていない。彼らが作る製品は見事な彫刻が施され、彼らの価値観、文化、社会的地位を示す幾何学的モチーフで装飾されている。たとえば、クモの巣のモチーフ（タナンパルラチャ）は家族の絆を象徴し、ハチの巣のモチーフ（パピンタンテーリ）は地域社会の生活の表現している。ふたつと同じ物がないほど、彼らは創造性に富んでいる。ザフィマニリ族は釘を使わない。代わりに蟻継ぎと呼ばれる技術を使って木を接合する。残念ながら、森林伐採と農地の蚕食により、基本的な原材料と彼らのライフスタイルが奪われようとしている。

[p.110]ザフィマニリの家の鎧戸。彫刻はその家族の規模や結婚している子どもの数を示している。[p.111]入念な熟練の技を要するマダガスカルの伝統的彫刻に没頭するアンボシトラの木彫り師。

鷹狩り──生きた人類の遺産

［大陸］アジア、ヨーロッパ、アフリカ
［国］さまざまな国
2016年よりユネスコのリストに登録

この慣習は食料を探す手段として東洋で始まった。
数世紀のあいだに、鷹狩りは、
長い調教期間を経て築かれる人間と鷹の
深くかけがえのない信頼関係にもとづく訓練法となった。

［p.112–113］ワシと活動中のモンゴルの鷹匠。イヌワシは非常に力のある猛禽で、訓練には大変な労力を要する。

昔からヨーロッパの鷹狩りといえば中世、とりわけ、有名な研究書『鷹狩りの書——鳥の本性と猛禽の馴らし』［吉越英之訳、文一総合出版刊、2016年］の著者である神聖ローマ皇帝フリードリッヒ2世を思い出す。実は、鷹狩りの古い時代のルーツは東洋にある。実際、鷹狩りの存在を示す最古の証拠として、シリア北部のテル・フウェーラで発見された紀元前3千年紀にさかのぼる彫像が挙げられる。彫像は、男とその手に止まっている鷹を表現している。ユーラシア・ステップ（大草原）の人々が数千年にわたり従事してきた鷹狩りは、もともと食料の調達を目的とした狩猟の一種だった。だが、時とともに、人間と猛禽とのあいだに生じ得る深い関係にもとづく正真正銘の訓練法へと進化した。これは長年にわたる訓練の結果であり、ハヤブサ、タカ、ワシ、フクロウは訓練のあいだに飼い主を信頼し、彼らを保護者と認めることを学んでいく。

ヨーロッパでは、フン族によって鷹狩りがもたらされた部分もあるのだろう。鷹狩りが広まったのは9世紀以降と思われ、（アラブの影響下にあった）イタリア南部で「黄金時代」を迎え、その後、十字軍の時代に貴族——手間も費用もかかるこのような活動に従事できた唯一の人々——のあいだで一番の娯楽となった。銃器の登場にともない、西洋世界の鷹狩りは、徐々にではあるが着実に衰退し、20世紀前半にはほぼ完全に消滅した。それどころか、実に多くのハヤブサが衛生上の理由、および軍事的理由（猛禽は軍が使っていた伝書バトの天敵だった）で捕獲され、殺されたため、絶滅危惧種となってしまった。一方、アジアでは引き続き鷹狩りが行われており、とりわけステップ地域では鷹狩りが相変わらず経済に不可欠な要素となっていた。この

地域では今も鷹匠たちがこの活動に携わり、獲物の一連の動きを追って領土内を集団で移動している。仲間とともに過ごす時間は、鷹狩りの逸話や体験談を語り合う機会になるうえ、数世紀にわたり続いてきた文化的伝統を守る機会にもなる。使用する道具はどこでも大体同じだ。必需品である鳥の止まり木代わりに用いるグローブのほか、訓練中や移動中に猛禽を落ち着かせる役目をするフード（東洋の伝統ではブルガ、ヨーロッパではラフター）がある。鳥をつないでおくには、革製のジェス（足緒）とアンクレット（足革）が使われる。ほかにもクレアンス（ジェスに結びつける長いひも。鷹匠はこれを使ってハヤブサを素早く呼び戻す）、ルアー（疑似餌）、鈴（鳥を識別するのに役立つ）といった道具がある。鷹狩りの極意は父から息子へ、あるいは地域や家族レベルで行われる徒弟制度によって受け継がれ、次世代のために伝統を確実に維持していく努力がなされている。

[p.114] ワシは体が大きいため、訓練が難しい。捕食本能もワシの反応を激しくする要因になる。
[p.115] カザフスタンにおける狩りの終わり方。ワシは鷹匠のためにキツネを仕留めた。

現在、鷹狩りは60か国で行われており、
女性もこのスポーツや活動に参加している。
鷹狩りに関する多くの国際的会議があり、
伝統や知識や経験を話し合い、
交換する機会が数多く提供されている。

メヴレヴィー教団の
セマーの儀式

［大陸］アジア
［国］トルコ
2008年よりユネスコのリストに登録

> この教団の修道士にとって神秘的な恍惚状態は、肉体的、精神的に厳しい準備を経て
> ようやく得られるものであり、そこへいたる手段には、歌、祈り、音楽、旋回する舞踏などがある。
> 旋舞は人生のあらゆる局面に神が存在することを象徴している。

音楽が神からの贈り物であるなら、踊りもまた、神とより深く、精神的に結びつく助けとなるのだろう。セマーの儀式（「私は聴く」を意味するセマーゼンとも呼ばれる）には、ぐるぐる旋回したり同心円を描いたりする踊りが含まれる。この旋回舞踏は、神秘的な恍惚状態に達する手段としてスーフィズム（イスラム神秘主義）を取り入れた祈りの形式だ。メヴレヴィー教団の修行僧、デルヴィーシュは古い音楽に合わせて踊り、途切れることのない旋回運動に身を任せる。教団の創始者、ジャラール・アッディーン・ムハンマド・ルーミー（1207–1273年）の教義では、音楽と詩が神に近づくための鍵とされる。そのため儀式は──博物館やモスクなど、メヴレヴィーの文化を伝えるにふさわしい場所でしか披露できず──コーランの短い朗読と、17世紀から朗唱されてきたムハンマドへの賛辞で始まる。一連の苦行（厳しい自己鍛練）がフルートやウード（リュートに似た弦楽器）と太鼓によって演奏される音楽とともに続けられ、それがやがてデルヴィーシュによる旋回舞踏へと移っていくが、この旋舞は死後の復活と神の遍在を象徴している。踊り手は全員、白い衣装を身に着け（黒いマントをはおっていることもある）、彼らの位置は太陽系内の惑星の位置を示している。衣装は彼らが解放されなければならない物質的な苦しみを象徴している。

［p.118および p.119］トルコのセマーの儀式。踊り手たちが互いに適切な距離が取れるよう、デルヴィーシュのリーダーがグループの真ん中に立つ。
［p.120–121］イスタンブールのガラタ・メヴラーナ博物館で独特の旋回舞踏を披露するデルヴィーシュ。

［大陸］アジア
［国］ヨルダン
2008年よりユネスコのリストに登録

［p.122–123］ヨルダンの砂漠で畜産をしているベドウィンは、動物たちが牧草を食べ尽くすまで、ひとつの場所で2か月ほどキャンプを張るのが普通だ。［p.123］ワディ・ラムは国内最大のワディ（干上がった渓谷もしくは川）。羊飼いはラクダやヤギやヒツジをその水源まで連れていく。

ペトラとワディ・ラムの ベドゥの文化的空間

ヨルダン南部のベドウィン族は、
知識、伝統、無形の芸術的表現の宝庫を持っている。
それはこの宝の山を育んできた砂漠の砂と同じく、
繊細で移ろいやすいものだ。
ベドウィンが家と呼ぶこの地域は、
紀元前の文明発祥の地でもある。

ヨルダンのベドウィンは半遊牧、半定住のコミュニティで、サウジアラビアとの国境に近いペトラの洞窟やワディ・ラム渓谷の近くで暮らしている。全体が高地と半乾燥気候の砂漠で形成されるこの地域はユネスコによって保護され、住民は伝統的な遊牧文化を維持してきた。過酷な環境により、遊牧と定住、双方のコミュニティが発達し、狩猟、牧畜、手作業によるテント作り、伝統医学といった慣習や技能が生き残ることになった。ベドウィンは1万2000年以上暮らしてきた土地に関する幅広い知識を持っているだけでなく、独特の道徳規範や社会的ルールを作り上げてきた。社会生活の中心は氏族であり、一定数の氏族が部族、すなわちカビーラを構成する。ベドウィンは自分の部族や氏族に忠実だ。社会の中で秩序を維持し、争いを解決するため、程度に限りはあるが、罰を与える慣習が今も残っている。たとえば、部族からの追放、犯罪に対する報復としての「血の貢ぎ物」がそ

れにあたる。こうした処罰の制度は文字で書かれているのではなく、口承で守られている。同じような形でベドウィンの豊かな神話も数世紀にわたって生き残り、土地やコミュニティの歴史と密接に関連した詩や民話や歌が生み出されている。ユネスコはベドウィンの文化を無形文化遺産リストに登録し、芸能、社会的慣習、儀式、祭礼行事など、ベドウィンが祖先から受け継いできた伝統が次世代へと引き継がれていくよう、その保護に着手した。こうした未来の世代が外の社会へ、物質的進歩が持つ魅力へといよいよ引き寄せられていくのは避けられない。それゆえ、ベドウィン社会のアイデンティティそのものが危険にさらされる可能性があるのだ。実際、一定の住宅提供や医療をはじめ、社会福祉が受けられるとの期待に心動かされ、この50年で、ベドウィンの多くの集団が定住生活を選んでおり、彼らの文化が大きく変化する一因となっている。

[p.124] ベドウィンの家族はテントの中でお茶やコーヒーを飲み、肉と野菜を砂に掘った穴で蒸す代表料理、ザルブを食べる。[p.125] 客が本当に歓迎されている場合、小さなガラスのカップで濃いコーヒーが出されるが、なみなみと注がれていた場合は嫌悪を表している。まったくコーヒーが出されない場合は侮辱に相当する。

アシール州の伝統的な室内装飾

［**大陸**］アジア

［**国**］サウジアラビア

2017年よりユネスコのリストに登録

アル＝カット・アル＝アシリ（アラビア語ではナガシ）は、伝統的に女性に任されている装飾のスタイル。
女性たちは来客用の部屋に特別な注意を払いながら、
シンプルかつ鮮やかな色の模様で家の内壁を美しく飾っていく。

この装飾様式は、客を迎えることを目的とした一種のメッセージだ（伝統的なアラブの家の前部に位置する居間の名前から、マジリスとも呼ばれる）。これはサウジアラビア南西部のアシール州およびイエメンの隣接地域のアイデンティティに深く根差した活動であり、通常、女性によって行われ、あらゆる年齢層の女性の親戚がかかわっている。活動には家の壁や廊下や天井に漆喰を塗り、塗装を施すことも含まれる。活動への参加は社会的絆を深め、それによって活動が世代から世代へ確実に伝わっていくことになる。最も意匠をこらした生き生きとした絵を選ぶべく、近所で競争が促されることも多く、壁の装飾のおかげで有名になったサウジアラビア人女性も何人かいる。最も有名な女性はファーティマ・アブー・ガハスで、2010年に亡くなるまで、実に積極的にアル＝カット・アル＝アシリの支援および指導を行っていた。地元の織物に発想を得たと思われる作品は、幾何学模様（線、三角形、正方形、斜線）や分岐構造のモチーフで構成されている。壁画は多くの女性にとって大きな誇りの源であり、ステータスシンボルの役目を果たす場合もある。あまり大きくない家には赤、緑、黄色、茶色の線が描かれているのが一般的で、画家の技能や図柄の複雑さにその家の裕福度が反映されている。

［p.126］女性たちがアル＝カット・アル＝アシリの壁画でアートギャラリーを作っている家もある。［p.127］アシール州ハミース・ムシャイトの家の装飾された鎧戸。アシールのミニチュア・ハウスが土産物として売られている。

ラヴァシュ
——アルメニアの伝統的なパンの調理

薄く伸ばして独特の形にする、
柔らかな種なしのフラットブレッドは、
少人数の女性グループによって作られる。
パン作りにはコミュニティ全体がかかわり、その結果、
生み出された食べ物には深い宗教的・儀式的な意味がある。

パンは命であり、太古の昔から世界中のどこであれ、地域社会はパンを中心に展開してきた。アルメニアにおいて、パン作りは儀式集団の性質を帯びており、非常に古い時代にルーツを持っている。生地を準備し、焼く作業は伝統的に女性が行い、製造技術の極意は母親から娘へと伝えられる。パン作りの仕事には奇跡的とも言える連携の取れた動きとスキルが必要となる。ラヴァシュ(lavash)はそのパンの名前で、語源はアルメニア祖語にあり、「平らな」を意味する「law」から派生したと見られている。ラヴァシュは小麦粉を原料とし、それに水と塩を手で混ぜ合わせて生地を作っていく。このパンは種なし、すなわちイーストや膨張剤は含まれていない。混ぜ合わせた生地は切り分けてボール状にし、それを木製の麺棒で長さ1mほどになるまで薄く延ばしていく(厚さはミリ単位で変わる)。形が楕円形に、厚さが均一になるよう、生地を空中でくるっと回転させるパン職人もいるが、これはナポリのピッツァイオーロ(ピッツァ職人)が用いる手順と非常によく

[大陸]アジア
[国]アルメニア
2014年よりユネスコのリストに登録

[p.128]ラヴァシュのパン作りがユネスコの無形遺産リストに追加されたのは、地域社会の真の文化的ルーツを証明し、結束を強める価値観や儀式がそこに網羅されているからだ。[p.128–129]女性たちはこのフラットブレッドの栄養価を高めるため、ラヴァシュを焼く前にポピーシードや煎ったゴマを加えることがある。

［p.130］パンがクッションに置かれようとしている。生地はこのようにして、引き伸ばされた形を維持し、焼く前に「寝かせる」ことができる。［p.130–131］フラットブレッドの一種であるラヴァシュ作りは必ずグループで協力して行われる。女性にはそれぞれ明確な役割があり、作業はおしゃべりをしながら、楽しい雰囲気の中で行われる。

似ている。この時点で、薄くなった生地を大きな楕円形のクッションの上に置き、トニールの内壁に叩きつけるようにして貼りつける。トニールは床に埋め込まれた伝統的な粘土製のかまどで、外側は石や陶磁器で覆われている。生地の焼き時間はわずか30秒から60秒。焼き上がったラヴァッシュは鉄製のかぎ棒でかまどの壁からはずし、そのまま冷ます。焼きたてを食べることもあれば、それに野菜やチーズ、スパイスの効いた肉を巻いて食べることもある。乾燥してぱりぱりになったら、それを重ねて保存しておくことも可能だ。ラヴァシュはほかの伝統的な中東料理に添えて出されることが多い。実はアルメニア以外にも、イラン、トルコ、アゼルバイジャンをはじめ、中東全域で

ラヴァシュは作られている。しかしアルメニアの場合、ラヴァシュには重要な儀式的役割があり、アルメニア使徒教会では聖餐式のパン、ホスチアの代わりとして使われる。結婚式では、豊饒と繁栄がもたらされるようにと、花嫁の肩にラヴァシュが置かれる。ラヴァシュ作りには家族全員がかかわっている。このフラットブレッドを実際に作って焼く作業は通常、女性が担うが、多くの場合、男性にはクッション作りやかまど作りが任される。アルメニアのパン作りにはこうしたユニークな側面があるからこそ、ラヴァシュがコミュニティのアイデンティティや社会的絆を形作る重要な要素となっているのだ。

ラヒジの銅細工

コーカサスの山間で、
かつてさまざまなキャラバンの交易拠点となっていた
数世紀もの歴史を持つ村が、かつて東洋各地で
尊ばれていた銅細工の技能を今も守り続けている。
銅製の皿や入れ物には、歴史ある技術を用いて、
今もなお、巧みな彫刻が施されている。

アゼルバイジャンの北部、コーカサス山脈の山間に、独特の不思議な歴史を持つ村、ラヒジがある。伝説によると、古代「火の国」の人里離れたこの村は、「英雄的時代」の最後の王、シャー・カイ・ホスローよって築かれた。長い旅の末、王は自らの意志で退位し、ギルディマンチャイ川の険しい斜面に位置するこの村に居を構えた。歴史的真実がどうであれ、ラヒジ（もしくはラフジ）の起源が遠い過去にあることは確かだ。実際にラヒジが築かれたのは3世紀から4世紀のあいだ。それは村の本通りの地下で発見された貯水槽に刻まれた日付で確認されている。ラヒジの街路は川の石で舗装されており、村の2階建て、もしくは3階建ての家にも同じ素材が使われている。村は4つに分割され、それぞれに独自の広場、モスク、大浴場があったが、不思議なことに、防衛用の壁や要塞はまったく存在しなかった。唯一の連絡道路は細い小道にすぎず、山から地滑りが起これば、すぐにふさがれてしまう可能性があった。それでも、この道は常に商人たちのキャラバンに開かれていた。実際、ラヒジは手工芸品でその名を東洋中に知られていた。たとえば、ラヒジの刀剣は鋭く、よくしなり、鎧も突き通

［大陸］アジア
［国］アゼルバイジャン
［都市］ラヒジ
2015年よりネスコのリストに登録

［p.132］延べ板にするため、熱せられる丸い銅。アゼルバイジャンでは、ラヒジで加工された銅なら食品の特性を向上させると信じられている。
［p.132-133］工房で忙しく働くラヒジの銅細工師。銅の板を熱した後、好みの形になるまでハンマーで叩いていく。

せると言われており、銅製品は常に需要が高く、富をもたらした。後者の銅製品としては、優美な作りの皿や、このコミュニティが有する知識や価値観が反映された銘を巧みに刻み込んだ容器などが挙げられる。19世紀後半には、約50種類の銅の手工芸品が存在した。それぞれのカテゴリーで非常に洗練された作品が生み出され、ルーブル美術館はじめとする世界一流の美術館がコレクションに加えるべく、ラヒジの銅製品を必ず数点購入していたほどだ。今は近代的な道路ができたおかげで観光客もラヒジへ行きやすくなり、先人たちと同様、鋳造、鍛造、彫刻に秀でた地元の職人たちの技を愛でることができる。弟子を抱える鋳物師の親方は製作の全過程を調整している。ひとりの職人が炉に空気を送り込み、鋳物を鍛造して延べ板にし、もうひとりの職人が延べ板の継ぎ目などをきれいに消し、製品を彫刻で装飾を施すといった具合に。親方は製品の販売にも責任を持つ。代々受け継がれるこうした専門技術は高収入を保障する手段であると同時に、ラヒジのコミュニティ全体でアイデンティティや帰属意識を強める誇りの源泉にもなっている。

[p.134] カブレイという名のこの銅細工師は7代続く職人一家の後継者。伝統的手法で銅を加工することを専門としている。これらの手法には、80種類以上の道具を使いこなすことも含まれる。
[p.135] ラヒジにある銅細工師の工房。イスマイリ地区に位置するこの村には現在2000人が暮らしている。

ファールスの絨毯織りの伝統技術

手の込んだカラフルな絨毯の製造は、
イラン（古代ペルシャ）のシーラーズ地域のいたるところで
遊牧民族によって行われてきた古代の芸術だ。
その技術は伝統的に母から娘へと受け継がれ、
何世紀にもわたってほぼ変わることなく守られている。

紀元前370年ごろ、アテネの歴史家クセノフォンは『アナバシス』の中で、トロイア人のティマシオンが美しいペルシャ絨毯をいくつか所有していたと記している。トロイア人のティマシオンは、ペルシャ王アルタクセルクセス2世（小キュロスの兄）から王位を奪おうとしていた小キュロスに雇われた1万人の傭兵からなる遠征軍に参加した指揮官のひとり。このような古い時代においても、ペルシャ絨毯は非常に貴重なものと見なされ、贈り物として貴族と大使とのあいだでよくやり取りされていた。今もなお、絨毯の製造はイランのファールス州、とりわけ州都シーラーズ市周辺地域の主要な活動のひとつとなっている。伝統的に、これらの芸術的絨毯を織っていたのは遊牧民族（ほとんどの場合、女性）だった。彼らは織機に向かい、代々口頭で伝えられてきた技術を用いて、天然の染料で染めた羊毛や木綿の糸を結びつけていく。絨毯で使われる結び方は、左右不均等結び（セーナ結び、もしくはファルシーバフト、すなわち「ペルシャ結び」）か、左右均等結び（ギョルデス結び、もしくはトルキーバフト、すなわち「トルコ結び」）のいずれかだ。後者の結び方は、オスマン帝国文化の影響を受けていたペルシャでも広く用いられた。装飾は非常に手が込んでおり、伝統に根ざした植物や花の幾何学的なモチーフが使われる。

［大陸］アジア
［国］イラン
2010年よりユネスコのリストに登録

［p.136］さまざまな色や形に糸が結ばれていくペルシャ絨毯は家族経営の工房で製作された後、市場で展示され、販売される。［p.137］絨毯作りに携わる遊牧民、カシュガイ族の女性。

ヨーガ

ヨーガは古代に起源を持ち、
実践者が心の平静と自己実現を追求すると同時に、
物質世界の重荷を手放すことも促す修行法だ。
これは瞑想と特別な体位を取ることによって達成される。
ヨーガの訓練をする人々は、己を知り、他者を知る道を歩む。

ヨーガは姿勢や呼吸の抑制、瞑想、言葉の朗誦、そのほかの技術を組み合わせた古い修行法で、個々人の幸福感と精神的健康を向上させることを目的としている。ヨーガの修行は人々が自己認識を得たり、自身が経験するであろう苦しみを和らげたり、解放された状態に達したりするのを助けると考えられている。それは肉体運動の枠をはるかに超えたものを意味している。語源的に、「ヨーガ」という言葉は「結びつける」、「牛や馬をくびきでつなぐ」を意味する語根、「yuj–（ユジュ）」とつながりがあると考えられる。偉大な宗教史学者、ミルチャー・エリアーデによると、「ヨーガの特徴は、実践的側面だけでなく、奥義を伝授する構造にもある」。そのため、この修練はひとりで学ぶことができず、精神的指導者（グル）によって導かれなければならない。そして弟子（シシャ）は師とともに、信頼にもとづく深い関係を築いていく。ヨーガの概念は、サンスクリット語で書かれた多くのインド宗教、インド哲学の書のひとつであるカタ・ウパニシャッドに初めて登場した。カタ・ウパニシャッドの起源は紀元前5世紀にさかのぼり、その後編纂されたウパニシャッドでは、ヨーガの概念がさらに詳しく述べられ、徐々に哲学的・瞑想的傾向を帯びていった。ヨーガの理論と実践は、それを容易に覚えられるよう、インドの哲学者パタンジャリが196節からなる格言にまとめたとされる『ヨーガ・スートラ』に詳細に述べられている。この中で、ヨーガは8つの構成要素、すなわち八階梯に分けられ、これらの段階を経ると、ニルビージャ・サマーディ——個人の意識が瞑想と一体となり、瞑想そのものになる状態——に達し、意識は物質的影響から解放される。

　ヨーガには多くの身体的な姿勢（アーサナ）があり、今は専門の学校や講座でそれを教えている。最もよく知られているポーズとして、宇宙の踊り

[p.138–139] 木の枝にぶら下がって瞑想するインドの聖人。ヨーガは時として、本当に度肝を抜くようなポーズとテクニックを用い、人の心を均衡の取れた状態へと導くことを目指す。

[p.140–141] ヒンドゥー教の聖地ヴァラナシのガンジス川のほとりでヨーガの行がなされている。信者は皆、生涯に少なくとも1度、沐浴の儀式用にある5つの階段、ガートを通って川へ入り、体を沈めなければならない。[p. 141] 夜明けにガンジス川のガートでヨーガのポーズや行を行うヒンドゥー教の若いブラーフマン(司祭)たち。[p.142–143] 典型的な木のポーズ(ヴルクシャーサナ)を取るサドゥー(聖人)。

手に姿を変えたシヴァ神の異名のひとつ、ナタラージャから派生したナトラージャアーサナ、すなわち踊りの神のポーズがある。車輪のポーズ、チャクラアーサナは、体の軸である脊髄の安定と健康にとって重要と考えられている。木のポーズ、ヴルクシャーサナは、体のエネルギーのバランスを保ち、活性化を促すと言われている。戦士のポーズ、ヴィラバドラーサナは、精神の戦士の戦いを模し、自分の本質を発見する。ナーディ・ショーダナ・プラナヤマのように、呼吸法によって体の中に封じ込められているエネルギーを解き放ち、心を落ち着かせる、より専門的なテクニックもある。その奥深さと効能ゆえ、ヨーガは「対話の修行」と見なされ、世界中の何百万という人々に知られ、実践されている。ヨーガは本当の意味で世界の共同遺産の仲間入りをしているのだ。

クンブ・メーラの儀式

参加者およそ1億人。
これは間違いなく世界最大の宗教集会だ。
クンブ・メーラは占星術による
星の配置に応じて、
北部インドの4つの場所を巡回する形で
3年ごとに開催される。
ウッタル・プラデーシュ州では毎年、
縮小版が開催されている。

ユネスコの「人類の無形文化遺産リスト」に最近登録されたクンブ・メーラ（文字どおりには「聖なる水がめの祭り」）は周期的に行われる浄化の儀式で、期間中、数百万人ものヒンドゥー教徒が聖なる川が流れる都市に集まり、沐浴をする。信者はこの儀式に参加することで、己の罪がすべて清められると信じている。インドでは、苦行者、信者、観光客が分け隔てなく、カーストの区別もなく、平和と調和を保って行うこのような形の大規模な巡礼がいろいろと存在する。参加者のうち最大の集団は、食べ物を請うヒンドゥー教修行者コミュニティ、アカダとアシュラムだ。プルナ・クンブ・メーラ（儀式の「完全」版）は、プラヤーグ（アラーハーバードの近く）、ハリドワール、ウッジャイン、ナシークの4か所で3年おきに祝われる。プラヤーグとハリドワールの2地域は、6年おきに行われるアーダ・クンブ・メーラ［アーダは半分の意］の開催地となっている。また、プラヤーグでは毎年、マグ・メーラと呼ばれる「縮小版」の祭りも開催され、12年に1度の開催となる祭りはマハ（「偉大な」）・クンブ・メーラと呼ばれている。儀式の開催地となる都市の選択は、木星と太陽が黄道のどの位置にあるかで決まる。両方がしし座に位置するとき、祭りはナシークで開催される。太陽がみずがめ座に位置するときはハリドワール、木星がおうし座、太陽がやぎ座に位置するときはプラヤーグで開催される。ふたつの天体がさそり座に位置す

［p.144–145］ハリドワールのクンブ・メーラで、灰をまとった裸の神秘主義者たち（ナガ・サドゥー）。彼らはシヴァ神の聖なる火で生じた灰を用いて水を浄化し、巡礼者を祝福するため、最初に川に入る。

るときは、ウッジャインで開催される。祭りの日程に
ついても、木星と太陽に加え、月の位置からも計算す
るため、その都度変わってくる。それぞれの祭りの期
間中は、宗教集会や聖歌の詠唱、聖人や女性や貧困者
への食料の寄付が行われる。全体的に見れば、最も重
要かつ人気のある行事は、聖なる川——ハリドワール
のガンジス川、ウッジャインのシープラ川、ナシーク
のゴダヴァリ川、アラーハーバードのサンガム［ガンジ
ス川とヤムナー川の合流点］——のほとりで行われる儀式
的な沐浴だ。クンブ・メーラの儀式が最初に記録され
た文献は紀元7世紀にさかのぼる。ヒンドゥー教の神
学では、儀式の起源は聖典バーガバタ・プラーナで語
られる逸話にあると見なされている。デーヴァ（善神）
と敵であるアスラ（悪神）が不老不死の薬（アムリタ）が入っ
たみずがめを奪い合い、その争いは12日と12晩——
人間の12年間に相当——続いた。その際、アムリタ
が滴り落ちた場所が祭りの4つの開催地と一致するの
だ。プラヤーグでは最も頻繁に儀式（マグ・メーラ）が行
われ、参加者も最大となる。2013年のマハ・クンブ・
メーラでは、トリヴェニ・サンガム——ガンジス川と
ヤムナー川、そして神話上の川、サラスヴァティーの
合流点——のほとりに8000万から1億人の巡礼者が集
まった。この聖地は地球の中心、宇宙の起源と考えら

［p.146–147］アラーハーバードのマハ・クンブ・メーラの期間中、聖なる
ガンジス川、ヤムナー川、サラスヴァティーの川の合流点に設置され
た浮遊橋を渡るヒンドゥー教巡礼者。

宗教的観点で見た場合に
インドで果たしている
基本的役割に加え、
クンブ・メーラは
天文学から占星術、
儀式尊重主義の伝統から
社会的慣習にいたるまで
さまざまな分野で
強い文化的影響力を持ち、
その価値観の継続と
広がりに寄与している。

[p.148] プラヤーグで12年に1度開催され、
55日間続くマハ・クンブ・メーラにやってきた托鉢行者（ナガ・サドゥー）。
[p.149] 1か月間トリヴェニ・サンガムに滞在し、苦行に徹することよって、あらゆる欲望から解放されたいと願うナガ・サドゥー。

れている。そのため、ここへの巡礼は大きな宗教的意味と価値を持つ。マグ・メーラは41日間続き、無数の巡礼者がサンガムに飛び込み、幕を開ける。夜になると、巡礼者は宿泊所やテントに戻って眠る。この期間はカルプヴァスと呼ばれ、儀式を行う人々はカルプヴァシスと呼ばれる。カルプヴァシスはマグ・メーラの期間中、毎日、夜明けとともにガンジス川に入り、日の出に向かって祈りを捧げなければならない。そのあとの時間は、行列、マントラの朗誦、聖歌の詠唱、踊り、浄化の沐浴に当てられる。夜になると、死体が火葬される。古代のヴェーダ聖典（ヒンドゥー教徒が神聖視する一連の宗教文書）によれば、ガンジス川のほとりで死ぬ者は至福（ニルヴァーナ）を手に入れ、前述の聖なる川の合流点に3日以上滞在した者は救いを得る。神秘的な雰囲気は、音楽と香りとさまざまな色によって高められ、その世界は、こみ上げる強い信仰心にとらわれた無数の巡礼者と相まって、別の次元に属しているかに見える。

［p.150–151］3つの川の合流点サンガムで行われる夜明けの聖なる沐浴。川の水は10代までさかのぼって祖先の罪を清め、彼らが救いを得ることを可能にする。［p.151］アラーハーバードの伝統的な供物。マグ・メーラに少なくとも1度参加した者は、解脱を得ることが望める。

プラヤーグでは、3つの川の合流点、
サンガム周辺の数千ヘクタールに及ぶ
地域で儀式が行われ、それにより、
世界最大のつかの間の都市が生まれる。
長年にわたり、政府は巡礼者のために、
街灯や照明、警備、交通規制、
トイレ、キッチンといった設備や環境を
提供してきた。

［p.152］3つの川の合流点、サンガムのほとりで儀式を行うヒンドゥー教徒。サンガムは宇宙の起源であり、それゆえすべての神に守られていると見なされている。［p.152–153］クンブ・メーラが開催されているあいだ、ハリドワールはつかの間の広大な都市と化し、そこに参加者が集結する。彼らは通常、大型のテントで眠る。

ラダックの誦経
——仏教経典の詠唱

読経は精神の向上からなる涅槃に達する手段のひとつであり、
それゆえ、仏教の基本要素となっている。
仏教僧は長い見習い期間を経てこれらの経典を暗記し、
伝統的な楽器の伴奏で詠唱する。

大地と空のあいだに浮かぶ、インドのジャンムー・カシミール州ラダック
地方は、数多くの僧院があるため、小チベットと呼ばれている。ラマ僧[本
来ラマはチベット仏教の高僧、師匠たる僧に対する敬称]は、宗教的目的でこの地
にこもり、涅槃、すなわち物質的世界の欲望からの解放と精神の向上を達
成すべく、「悟った者(覚者)」仏陀の教義に準じている。その目的のため、
僧侶たちはカラフルな絹の僧衣をまとい、道徳的、精神的幸福、清浄、心
の安寧に到達するべく、そして悪霊を鎮めるべく、一連の象徴的な身振り
(ムドラー)を実践する。

　ラダックにはふたつの形態の仏教(大乗仏教と密教)および4つの宗派(ニン
マ派、カギュー派、サキヤ派、ゲルグ派)がある。各宗派に独特な形の声明があ
り、田舎の祭日や宗教的祭日に唱えられる。声明はたいがいグループで誦
される。僧侶は僧院の内外、あるいは民家に座し、特別な楽器——チベッ

［大陸］アジア
［国］インド
2012年よりユネスコのリストに登録

[p.154] ラダックのティクセ僧院のゴンパ（仏寺）で行われている儀礼的祝典で、チベット仏教ゲルク派を象徴する黄帽子をかぶっているラマ僧たち。[p.154-155] ヘミス僧院の中庭での儀式。僧侶がふたり1組で、特徴的な真鍮のラッパ、ギャリンを吹いている。

トの鈴、両面太大鼓、銀で装飾されたほら貝——の伴奏で誦経する。一方、シンバルや、ラグドゥンもしくはドゥンチェン（数人がかりの持つ長い望遠鏡状の角笛）、カンリン（人間の大腿骨や装飾された動物の骨で作られたラッパ）、ギャリン（ふたり１組で演奏する長い金管楽器）といった管楽器は、チャムと呼ばれる神秘的な舞踏——僧侶が手の込んだ伝統衣装と動物や悪魔を模した仮面を身に着けて演じる——など、特別な儀式の際に演奏される。経典や瞑想の定式文句（マントラ）の詠唱は毎日行われている。年少の僧侶は、経典を暗記するまで年長の僧侶の監督の下で修行をする。したがって、これは宗教的遺産というだけでなく、共同社会の遺産でもあり、間接的には文化遺産でもあるのだ。そして、かくも遠い過去に起源を持つこの遺産は未来の世代へと受け継がれていく。

［p.156］リキル僧院で朝の祈りを唱えるチベットの僧侶たち。［p.156–157］チベットの僧院内部。右側に仏教儀式で用いる打楽器、銅鑼が吊り下げられている。

キルギスの伝統的な
フェルト絨毯芸術

中央アジアの凍てつくような冬のあいだ、
家を飾り、暖めるため、キルギスの人々は遊牧民から
伝統的なフェルト絨毯の作り方を学んだ。
この国の文化遺産に欠くことのできない要素が今、
消滅の危機に瀕している。

キルギスの絨毯は山で育った動物の毛で出来ている。その特徴は鮮やかな色と、地球と天体、豊穣、水、山といったさまざまなテーマにもとづく模様にある。絨毯作りに必要な技能と知識は、通常、家族内で伝えられ、とりわけ地方の山岳地帯では年長の女性を介して伝えられる。絨毯は、気温が氷点下24度にもなるシベリアの寒風をしのぐのに役立っている。絨毯にはシルダックとアラ・キーズの2種類がある。シルダックは個人個人が作るもので、色布の装飾が施された小さなフェルト絨毯だ。これは夏のあいだに、羊毛の生地をラクダの毛糸を使って手で縫い合わせて作られる。装飾のモチーフは植物やヤギの角や唐草模様で、その地域特有の縁取りがなされている。染料は主として合成染料が使われるが、昔は植物の根や葉から取った天然の染料だけが使われていた。シルダックの製作では、洗浄に数週間を要し、その後、乾燥工程、染色、防虫処理が続く。2か月から3か月かけて出来上がった絨毯は、最大30年持つと言われている。もう一方の絨毯、アラ・キーズは、羊毛で描いた模様を圧縮して作られる。出来上がった作品はチームワークのたまものだ。まず、下地となるフェルトを敷いた葦のマットに刈り取ったばかりの羊毛を敷き詰め、そこに染めた羊毛を押しつけて模様やモチーフを描いていく。そこに熱湯をふりかけ、マットで生地を巻いては広げる作業を繰り返し、目の詰まったフェルトに仕上げていく。この仕事は最年長の女性たちの監督のもと、若い女性たちによって行われるが、男性陣はヒツジの毛を刈り、薪を割り、湯を沸かし、生地の圧縮作業に加わり、市場で絨毯を販売する。絨毯職人は前もってデザイン画を用意したりはせず、モチーフの輪郭をじかに描いていく。独創的な

[p.158–159] 伝統的な衣装をまとい、嫁入り道具に欠かせないキルギスタンの絨毯に座っている女性。

模様や装飾のレパートリーは広く、それも職人たちが
敬意を得る理由のひとつだ。作業の始まりと終わりは
コミュニティの年長者によって祝福される。キルギス
の人々にとって、絨毯作りは最も重要な芸術のひとつ
であるのはもちろんのこと、ユネスコも認めていると
おり、地域社会の結束維持に役立っており、コミュニ
ティに一体感と継続感をもたらしている。現在、絨毯
作りは主に北部の2州、イシク・クル州とナリン州の
人里離れた山岳地帯、その中でもナリン州のアト・バ
シ地区で行われている。今ではもう、ほとんどの職人
が装飾模様用のテンプレートを使用している。それに
ついて言えば、これまで、自分が使っている模様や形
や配色に著作権があると主張した職人はひとりもおら
ず、デザインが頻繁にコピーされる結果を招いている。

[p.160上]ナリン州の工房でシルダックの模様が描かれていく。
[p.160下]最初に描かれたモチーフは、染めた羊毛で縁取られ、ラクダ
の毛の糸で下地に縫いつけられる。[p.160–161]全国の職人がアト・バ
シ村で開催されるキルギス応用芸術祭に参加する。

[大陸]アジア
[国]モンゴル
2013年よりユネスコのリストに登録

[p.162–163]紀元前5世紀のギリシャの歴史家ヘロドトスが記した『歴史』の中に、ゴビ砂漠に建てられたゲルに関する最古の言及がある。[p.163]ゲル作りの最初の段階として、棒を組み立てて格子骨格を作っていく。

モンゴル・ゲルの
伝統工芸技術とその関連慣習

モンゴル人の伝統的な住居は簡単に解体し、
運んで移動させることができる。
そして、過酷な砂漠気候に耐え、
居住者にとって快適な空間と考えられている。
住居の建て方から、内装の仕方、使い方にいたるまで、
すべてが厳密なしきたりにのっとって行われる。

このような住居を目にすると、モンゴル族とともに、史上最大規模の帝国を築いたチンギス・ハンを思い出さずにはいられないだろう。ユルト（モンゴル語ではゲル）は移動式の天幕住居で、モンゴル族、カザフ族、ウズベク族など、中央アジアの広大な平原に暮らす多くの遊牧民は、冬の気温が氷点下40度にもなり、春には非常に強い風が吹く砂漠の極端な環境条件を生き延びるため、何世紀にもわたってこれを用いていた。モンゴルの人々の多くは今もなおゲルを使っている。円形で高さはなく、暖かで、白く光るゲルは、簡単に解体して移動させ、再び組み立てることができるため、遊牧生活には理想的な住居だ。軽量構造で運搬が可能。それに、非常に柔軟性のある構造であるため、折りたたんで梱包し、わずか3時間で再び組み立てることができる。これらの住居に釘やネジや鉄は使われていない。

全体は長さ1.3mのほどの細材からなる骨組みでできており、それを円錐形に配置して、フェルトやキャンバス地を張って作られる。ゲルの中央には柱が2本あり、格子状の骨組みに接続された丸天井の梁を支えている。ゲルの建造手順は数世紀にわたり、変わっておらず、フェルトを作るための羊毛の準備から、キャンバス地の縫製にいたるまで、組み立てには家族全員がかかわっている。男性は木を切り、女性とともにフェルトを縫い、子どもたちは自分が作る番になったら、同じことができるよう、大人を観察して作り方を学んでいく。最年長の職人たちが、フェルトとキャンバス地の層、獣毛のロープ、床、敷物の作り方を若者たちに伝授する。ゲルとの大きさや外観はさまざまだが、基本的形状は昔から変わらず、見紛いようがない。それは伝統的な装飾モチーフをあしらった円形の骨組みと、小さな排煙口がついた円錐形の屋根だ。骨組みについて言えば、男たちはたが状にぴんと巡らせたロープと、圧力を加えてたわませた肋材を用い、屋根に広げたキャンバス地の張力も活用して、風に強い構造を作っており、フェルトを張った屋根は保温性に優れ、家を暖めるのに役に立つ。室内の床は敷物で覆われ、遊牧生活の精神に忠実に、調度品は極めて簡素で、多くのベッドは日中、ソファとして使われる。蓋付きの収納箱や食事用の小

[p.164]古くからの儀式にのっとり、幼い家族が初めて髪を切ってもらうことを祝ってゲルを組み立てる一家。[p.165]モンゴルのゲルは、遊牧民の家族の中で、社会的、文化的に大きな役割を果たしており、ゲルを建てる人々は非常に尊敬されている。

[p.166]災いを避けるため、ゲルに入るときは敷居を踏んだり、中央の2本の柱のあいだを通り抜けたりしてはならない。
[p.166–167]ゲルの床は敷物で覆われており、調度品はとても質素だ。普通はベッドがいくつかあり、日中は座る場所として使われている。

さな低いテーブルも一般的な調度品だ。入り口はひと
つしかなく、必ず南向きになっている。入り口に最も
近い場所は台所と家長のベッドを置くスペースとな
り、子ども用のベッドは壁沿いに配置される。客が泊
まる場所は通常、入り口の向かい側となる。

　ゲルは、羊飼いの移動や、強い宗教的信念や、複雑

な家族の序列とともに、草原で暮らす遊牧民の文化的
アイデンティティに不可欠な要素となっている。しか
し近年は都市化が進み、これらの住宅はより「商業化」
する、あるいは現代の生活に適応することによってそ
の形状や機能を変化させている。

[大陸]アジア
[国]中国
2009年よりユネスコのリストに登録

[p.168-169]中国書道はまさに博識と知恵の象徴だ。この芸術を極めた者は少ないが、その中には皇帝もいた。彼らは幼いころから書を勉強していた。[p.169]筆は書家の文房四宝のひとつ。東洋では大切に扱われる道具だ。

中国書道

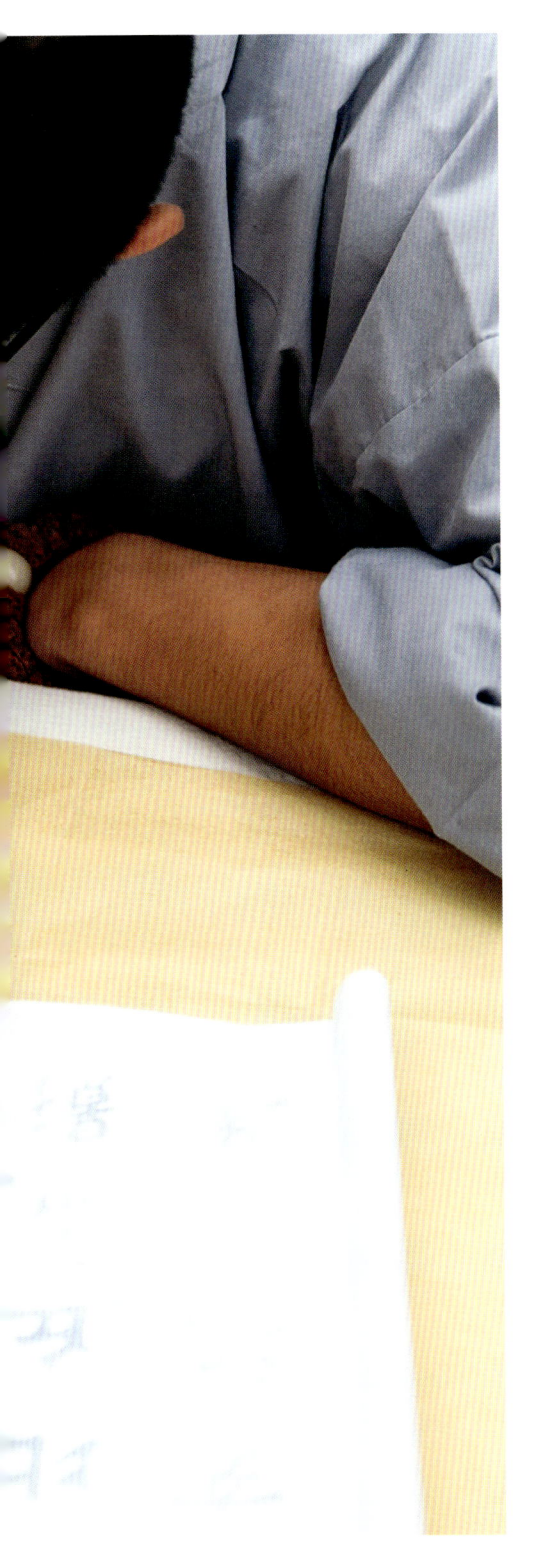

魅力的で非常に象徴的、
かつ極めて複雑な中国書道は
何千年ものあいだ、エリート階級の特権だった。
今も書道は長年の努力を経て身につく芸術であり、
独特の道具類—書家の「文房四宝」のおかげで
親しまれている。

書道は決して単なる伝達手段ではない。中国文明の魂と精神に必要不可欠な要素だ。かつてこの芸術の習得は、国の役人や知識人——表意文字（漢字）とそれを紙に正しく書き写す方法の基礎を徹底的に教え込まれた唯一の人々——に限られたことだった。書道（中国では「書の修練法」を意味する「書法」と呼ばれている）にのっとって書を書くには、書道（中国では「書の修練法」を意味する「書法」と呼ばれている）にのっとって書を書くには、筆、墨、硯、紙からなる、いわゆる文房四宝の使い方をまず習得する必要がある。筆は、馬、ダマジカ、アナグマ、キツネ、ウサギ、ヤギの剛毛または柔毛で作られる。墨は、樹脂に富んだ木の煤や油煙に動物性のにかわや香料を混ぜて棒状に固めたもの。硯は、固形墨をすって墨汁にするための道具。そして紙は、植物繊維（麻、竹、桑、稲わら）から作られる。書体には、篆書体、隷書体、楷書体、行書体、草書体の5つがある。表意文字を書き写すには、相当な集中力と自制心を必要とするため、書道は格調高い瞑想とも見なされている。

中国の養蚕・絹織物の職人技術

伝説によると、絹の「発見」ははるか遠い時代に、
まったく偶然の成り行きで実現した。
以来、養蚕は中国の経済だけでなく、多くの省における
社会的、儀式的生活の顕著な特徴となってきた。

古い言い伝えがある。伝説上の帝王、黄帝の妃、嫘祖（別名、西陵氏）が桑の木の下でお茶を飲んでいたとき、枝から落ちた繭が熱い飲み物の中に入ってしまった。嫘祖はそれを取り除こうとしたが、繭はすでにほどけ始めており、切れにくく、触れてもそれが感じられないほど軽くて長い繊維を生み出していることがわかった。嫘祖は、ほかの糸も集めて紡ぎ、生地を織れるようにせよと女官たちに命じた。こうして養蚕というひとつの発明が誕生し、嫘祖は「蚕神」、「蚕奶奶」（カイコの母）と呼ばれるようになった。

　この伝説は、遠い時代にカイコから採取された糸の生産が中国で始まったことを裏づけている。ボンビクス・モリ（桑の葉を餌とするカイコガ）の繭の遺物など、最も古い考古学的発見は、紀元前3千年紀にまでさかのぼり、紀元前1700年から紀元前1027年ごろまで中国を支配していた商（もしくは殷）代の墓では、最古の絹織物の断片が発見されている。

　貴重な絹織物を所有することは王族だけに許された特権だったため、養

［p.170］中国江蘇省蘇州の店に置かれたカイコガの繭。［p.170–171］絹生産におけるひとつの工程。伝統的な絹の製造所は家族経営であることが多い。

［p.172］絹糸は優雅な模様を刺繍し、真の芸術品を作り出すためにも使われる。［p.173］蘇州刺繍研究所で働く職人。［p.174–175］繊細な色に染められた絹糸は用途が非常に広く、複雑な装飾を作り出すにはうってつけだ。

蚕の方法は長いあいだ秘密とされていた。しかし時とともに、養蚕はほかの社会階級へも広がっていき、絹糸は衣服を織るためだけでなく、物に巻きつけたり、楽器の弦や釣り竿用の糸を作ったりするためにも使われるようになった。東地中海まで続く、いわゆるシルクロードによって広範にわたる交易が活性化され、そのおかげで養蚕業は拡大し繁栄した。たとえば、古代エジプト人とローマ人の両方が、この軽くて豪奢な布地を購入し、最も裕福な一族に販売していた。西暦6世紀になると、当時東ローマ帝国の首都だったコンスタンティノープルの宮廷に、おそらく僧侶たちの手を経てこの織物が伝わり、貴族のステータスシンボルとなった。絹は13世紀（十字軍以後）にヨーロッパを席巻し、イタリアでも絹産業の誕生を促した。

　絹の主要生産国は昔も今も中国だ。とりわけ浙江省、江蘇省、四川省では、4月に「蚕奶奶」の伝説が再現され、その際、女性たちは色とりどりの絹の花を身に着ける。そして、カイコの一生は、死と再生など、人間の人生のさまざまな段階を象徴的に表していると信じたくさんの繭が収穫できることを願って供物をそなえるのだ。

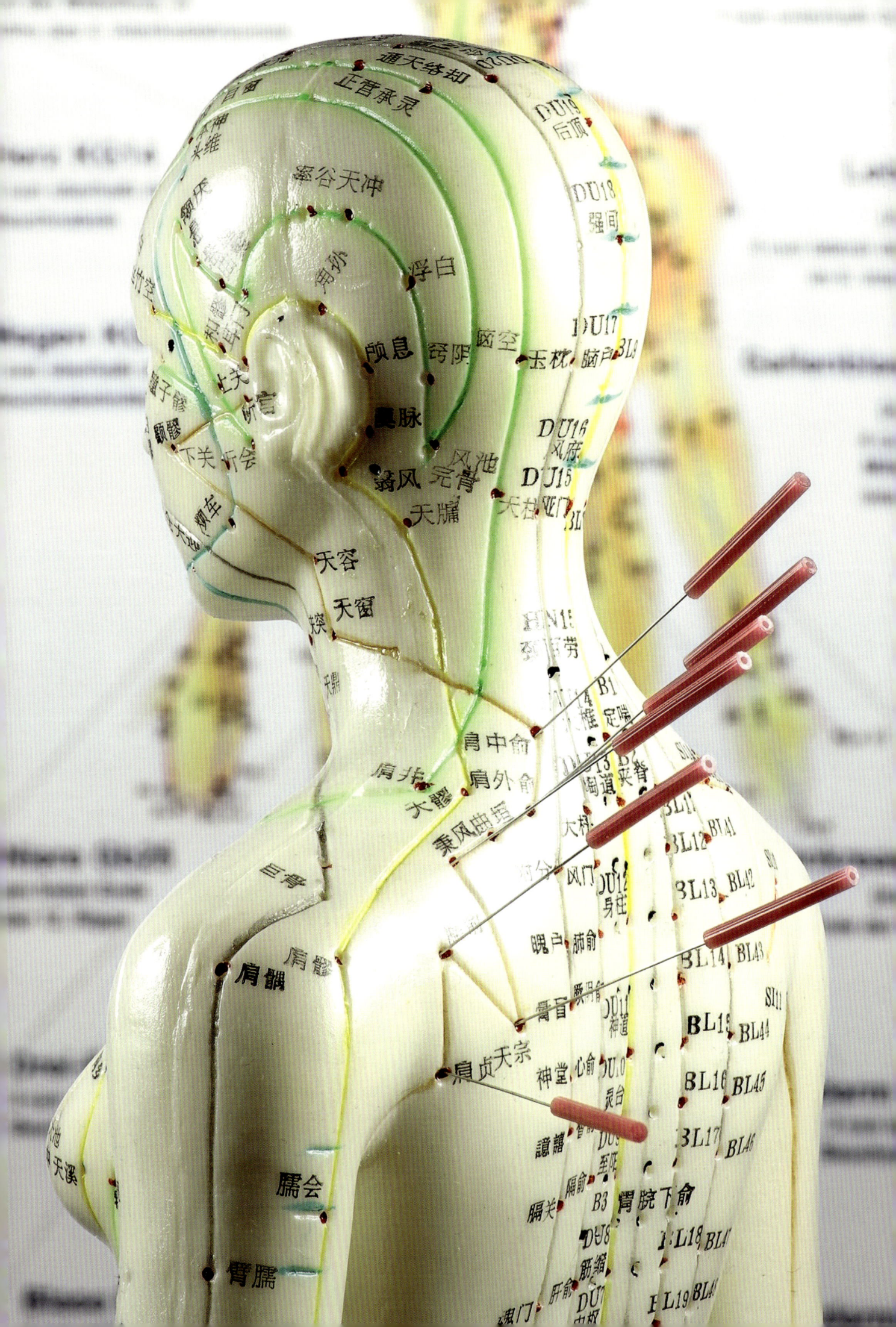

伝統中国医学の鍼灸術

［**大陸**］アジア

［**国**］中国

2010年よりユネスコのリストに登録

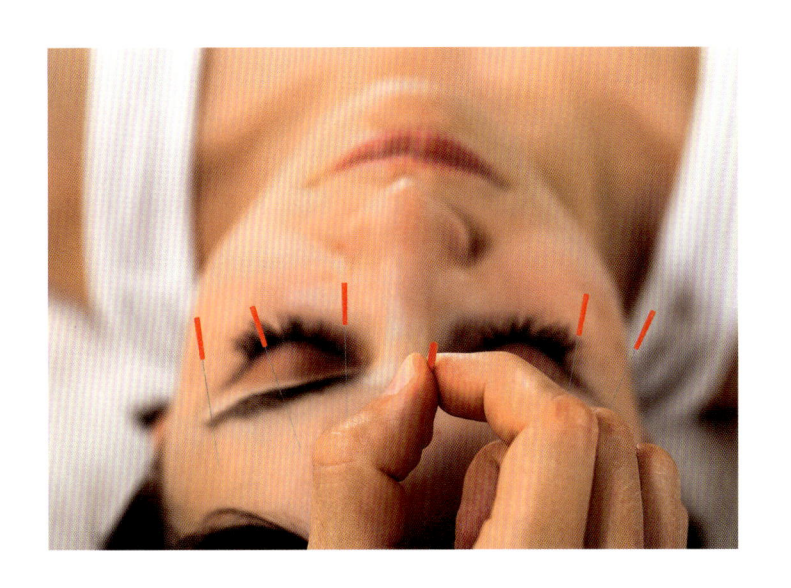

古代から実践されてき中国医学の治療法は、

人体は小宇宙であるとの原則にもとづいており、

その健康はエネルギーの流れと、

宇宙の5つの元素（木、火、土、金、水）のバランスに左右される。

伝統中国医学（中医）は極東で2500年以上にわたり実践されてきたが、近年、ほかの種類の代替医療とともに、世界中の関心を呼び起こしている。中国医学の有効性に対する科学的根拠がまだ認識されていないという事実はあるものの、その手法と哲学には疑う余地のない人類学的、文化的価値がある。こうしたことから、中国医学の具体的な技術の中でも、とくに鍼と灸が2010年にユネスコの無形文化遺産リストに登録された。いずれの技術も、人体は小型の宇宙であるとの考え方——ホリスティック（全体観的）なアプローチ——にもとづいている。体のすべての部分はつながっているのだから、病気は患者の精神的・心理的側面に関係している。そこを治すには、有機体としての機能を回復させるべく、エネルギーの経路を刺激する必要があり、病気はそのようにして治療しなければならない。こうした原則に従い、鍼治療では経絡上の特定のつぼ（経穴）に鍼を刺していき、有機体のエネルギーの流れを正していく。一方、灸療法では、経穴の下で内部組織を温めるため、皮膚の上、もしくは近くでもぐさを燃やすといった方法が取られる。

［p.176］鍼治療における経穴の場所が正確に示された女性の人体模型。［p.177］数世紀にわたる実践を経て、中国の鍼灸術は今や学問として教えられている。特定のつぼに作用してエネルギーの流れを正すことにより、有機体を刺激し、治療すると言われている。

歌舞伎

[**大陸**]アジア

[**国**]日本

2008年よりユネスコのリストに登録

17世紀初頭に京都周辺で誕生した歌舞伎は、

様式化された日本の伝統演劇の中では最も人気の高い複合的なジャンルと言える。

実際、演技者は熟練した役者であると同時に、歌い方や踊り方にも通じていなければならない。

もともとは女性に限定された芸術形式だったが、やがて男性も加わるようになった。

そして、男性が女性の役柄まで演じるようになり、

化粧をしたり女性の衣装を身に着けたりするようになった。

伝説によれば、江戸時代が始まった1603年、出雲のお国という若い巫女が、下層階級の少女たちとともに、京都の鴨川のほとりで踊りを披露するようになった。お国は少女たちが自分を表現することを助ける手段として、踊りを教えていた。お国の動きは独創的かつ扇情的だった。実際、お国はかぶき者の色鮮やかな人目を引く衣装をまとっていた。かぶき者とは、武家に属さぬ浪人など、異風を好み、派手な身なりで中には無法をはたらく者もいたが、男伊達の生き方をする者たちを指す言葉だ。こうしたお国の芸能が歌舞伎の始まりとなった。歌舞伎という言葉は、3つの表意文字、歌（音楽）、舞（舞踏）、伎（技芸）からなり、そこにはこの芸術を演じるうえで必要な技能が明確に示されている。当初、歴史上の出来事や人情話から着想を得た芝居は女性だけで演じられ、女性が男性と女性の両方の役を演じていた。しかし徳川幕府が課した厳格な道徳規範により、女性が舞台に上がることは徐々に制限されていった。最初のうち、歌舞伎は女優と男優が一緒に演じていたが、その後、女優は、女性の役を専門に演じる男優、女方（おんながた）に完全に取って代わられ、そのしきたり

[p.178]劇場で歌舞伎を披露する市川猿之助一座の役者たち。[p.179]化粧を施した十代目市川海老蔵［十二代目市川團十郎］。海老蔵は17世紀から活躍する歌舞伎の名門一家の一員だった。

は今も続いている。歌舞伎は庶民に人気の演劇ジャンルとなった。というのも、歌舞伎は起きたばかりの実際の出来事を再現するなど、庶民の感性で身近に感じられるテーマや心情を扱っていたからだ。結果として、歌舞伎は日本における大衆伝達の基本的手段となった。

歌舞伎役者は単調なセリフ回しで語りながら、形式化されたさまざまな動きや身振りを取り、多くの場合、登場人物の個性に則して確立されたポーズを取る。また役者の演技は、囃子の楽器のほか、回転する舞台（回り舞台）、隠し扉、客席に設置された通路（花道）といった大道具や装置によっても支えられている。これらの

要素がストーリーを盛り上げ、観客は芝居に参加している気分を味わえるのだ。俳優には黒衣という黒い服を着た（これで観客には「見えていない」ことになる）男性が付き添っており、黒衣は場面転換を完了させたり、動物を演じたり、人魂を操ったりもする。衣装も演技の鍵となり、派手なかつらや化粧にも同じことが言える。役柄のタイプを表現するうえで欠かせないのが化粧であり、たとえば女方には女性の美しさを連想させる白い肌が与えられる。西欧の影響が日本に及んだ1868年以来、歌舞伎は現代的な嗜好へ適応を続けてきた。そして昔ながらの伝統を放棄することも忘れることもなく、それをやってのけている。

[p.180] 隈取は、俳優の役柄を際立たせるべく、顔の特徴を誇張した大胆な化粧法の一種。1673年に初代市川團十郎によって考案され、今では多くのバリエーションがある。[p.181] 隈取の色は赤と青と黒で、必ず白塗りの上に施される。線を描いたら、遠くからでも見えるように、椿油（香油）でぼかす。

歌舞伎の黄金時代は、
江戸時代（1603–1867年）の文化が頂点を迎えた
元禄時代（1688–1704年）であり、この時期、
歌舞伎は文楽（人形浄瑠璃）の影響を受けていた。
最も有名な演目が書かれ、
上演されたのもこの時期だ。
歌舞伎における3つの主なジャンルは、
「時代物」（歴史や神話をテーマにした作品）、
「世話物」（同時代の庶民の物語）、
「所作事」（舞踊）である。

［p.182］舞踊は歌舞伎の最も特徴的な要素のひとつ。最古の形（踊り）は、歌舞伎の創始者とも言われる出雲のお国によって生み出された。［p.182-183］歌舞伎は日本を代表する演劇文化であり、自国の歴史や神話から着想を得ていることからユネスコの無形文化遺産リストに登録された。

和紙
——日本の手漉和紙技術

手漉き紙の生産は中国から朝鮮の影響を経て、
7世紀に日本で取り入れられたが、
そこでまた新たな特徴を帯び、成熟に達した。
その結果、折り紙、書道、浮世絵など、
伝統的な芸術様式を支えるのに理想的な、
用途の広い製品が生まれた。

紙の起源が東洋にあることは広く知られている。伝承では、後漢の和帝に仕えていた宦官が、西暦105年に紙を発明したと言われており、カジノキの樹皮を原料として処理を施し、竹簀で漉いて作っていたと考えられる。敦煌（甘粛省）で始まった考古学的発掘調査により、実際にはこの種の紙が紀元前2世紀の初頭、つまり、105年の「発明」より3世紀も前からすでに使用されていたことが実証されている。中国人は製紙技術に誇りを持ち、これを秘密にしておくことにこだわった。そのため、製紙技術が中国の外へ広まるには時間がかかったのだ。ヨーロッパへ伝わったのは中世になってからのことで、製紙はそこで印刷機の発明の土台となった。紙は7世紀初頭に、朝鮮からの渡来僧のおかげで日本へ伝わったと言われている。ただ、もともとの技術を徹底的に改めたのは日本人だった。京都では、最初の官立製紙工場でカジノキ（コウゾ）だけでなく、ガンピやミツマタ（別名ペー

［大陸］アジア
［国］日本
2014年よりユネスコのリストに登録

［p.184］カジノキ（コウゾ）の繊維の剝ぎ取る作業は、和紙作りの工程の
ひとつ。［p.184-185］美濃地区で働く職人たち。繊維は冷たい流水にさ
らされ、柔らかくなるまで長時間放置される。

パー・ブッシュ)といった植物も使って、いわゆる和紙(「日本の紙」の意)が作られ、より複雑で用途の広い製品が生み出されていった。

　和紙はセルロースを用いて製造された紙よりも、実は耐久性がある。それゆえ、折り紙(紙を折って複雑な造形物を作る芸術)や書道、江戸時代(17〜19世紀)に盛行した独特の版画、浮世絵(文字どおりには「はかない世の中の絵」)など、多くの伝統的芸術表現を支える理想的な紙となっているのだ。過去には、和紙が衣服や日用品、提灯、障子や襖のほか、法具や法衣を作るのにも用いられた。現在、伝統的製法による手漉き和紙は、浜田市(島根県)、美濃市(岐阜県)、小川町・東秩父村(埼玉県)の3地域で行われている。和紙作りの大部分は季節的な仕事で、冬場に屋外の川沿いで行われる。というのも、上質の和紙ができるかどうかは、冷たい流水が大量にあるかどうかにかかっており、冷水が和紙特有のぱりっとした張りを与えると同時に、品質の劣化につながる雑菌の繁殖を抑えてくれるからだ。これらの地域社会における和紙の重要性は、村の社会経済的構造を見れば明らかだろう。和紙作りには職人の家族全員がかかわっている。それは専門知識や技能を伝える強力な手段であるだけでなく、コミュニティの人々が打ち解けて交際し、互いの情熱を共有して絆を結ぶ手段にもなっている。

［p.186］和紙作りの後半の工程。19世紀にこの種の紙が重要だった理由のひとつは、紙幣の印刷に使われていたことにある。［p.186–187］コウゾの樹皮を煮詰める。最も普及し、最も耐久性に優れたタイプの和紙、楮紙（こうぞがみ）を作るには、このコウゾの樹皮が使われる。

小千谷縮・越後上布

苧麻の植物繊維で織物を作る
日本の代表的な芸術には非常に長い歴史がある。
この布が持つ独特の堅牢性は、独特の気候・環境条件や
状況を必要とする特殊な製織技術によって保証される。

日本の北東部に位置する小千谷市周辺では、冬になるとどっさり降り積もった柔らかな雪が広大な野原を覆い隠し、とても魅惑的に感じられる。先人たちは、この特別な環境を生かせば、イラクサの一種、苧麻の茎の外側から取れる植物繊維を加工できると気づいた。そしてこの苧麻の繊維を使って、かつての越後地方（現在の新潟県）を代表する布地が今も生産されている。この織物は越後上布と呼ばれ、表面に「しぼ」を出した織物はとくに小千谷縮と呼ばれている。苧麻の繊維を集める作業は多くの時間と労力を要するが、今日にいたるまで、手作業で行われている。茎から繊維を取り出したら、今度はそれを（再び手作業で）撚って糸にし、大きな束にする。そして最後に、紡いだ糸を織機（地機）で織って布地にしていく。織り上がった布地は温水で洗浄し、濡れたままの状態で広い雪野原に置き、2月から3月にかけての10日から20日間、雪ざらしにする。太陽の光と熱は、溶けた雪から放出されるオゾンと結合して生地を漂白・殺菌し、柔らかくしてくれる。こうすることで、着物など、高温多湿な日本の夏にふさわしい衣類を作るのに適した生地が出来上がる。

［p.188-189］雪野原に苧麻の反物を置く人々。布地はここで20日間ほど日光にさらされ、この作業は、「雪ざらし」と呼ばれている。

［**大陸**］アジア
［**国**］日本
［**地域**］魚沼
［**県**］新潟
2009年よりユネスコのリストに登録

ワヤン人形劇

［大陸］アジア

［国］インドネシア

2008年よりユネスコのリストに登録

ワヤンは、演劇、詩、彫刻、絵画、音楽、伝統が組み合わさったものだ。

ワヤンはさまざまな人々と異文化を交わらせる。

どこで行われようと、ワヤンはその土地の今の世相、政治的問題を取り入れて演じられる。

そのおかげで演目やスタイルを更新し続けることができるのだ。

ワヤンは一種の演劇、見世物の呼び名であり、この芸術形態を演じるために作られた専用の人形の呼び名でもある。ワヤンは1000年以上の歴史を持つ。西暦930年、インドネシアのジャワ島とバリ島で、ワヤンは宮廷の娯楽として演じられた。その数世紀後には、ロンボク、マドゥラ、スマトラ、ボルネオといったインドネシアのほかの島々にも広がっていき、そこでさまざまな人たちと交わり、彼らの伝統に順応していった。現在、登場人物や物語は、マレー諸島に住む多くの民族の伝説や叙事詩のほか、インドやペルシャなど、遠

［p.190］ジャワ島の操り人形師が物語を語りながら、背景幕の後ろでワヤン・クリの人形を動かしている。［p.191］ジャワのンガブラク村の人形劇。物語は叙事詩や冒険談的なもの、社会的主張に満ちた話であることもある。［p.192–193］背景幕に映る操り人形の影。文化的、宗教的、政治的メッセージは、ワヤン劇場の人気と成功の基盤である。

く離れた土地の物語からもインスピレーションを得ている。今も昔も変わらず、広く使われているのは芝居用の道具だ。一見、単純そうだが、実はかなり精巧にできており、適切に使うのは難しい。この道具とは、もちろん人形のことだ。人形にはふたつのタイプがある。ひとつは、立体的な木製の人形（ワヤン・クリティク、またはワヤン・ゴレクとして知られる）。もうひとつは、回転する腕と脚がついている平面的な影人形（ワヤン・クリ）。後者の製作で使われる最も一般的な素材は革で、人形の動きは後ろから光を当て、木綿のスクリー

ンに影として映し出される。これらの人形は、根気を要する細かな手作業のたまものだ。大きさ、スタイル、衣装は多種多様、体の各部分は関節でつながっている。人形製作の中心地は、スカワティ近くのプアヤだ。そこでは代々受け継がれてきた技術が今も使われている。ユネスコに保護されている別の無形遺産、バロン・ダンスやトペン・ダンスで使用される仮面についても同じことが言える。ワヤン・クリティクやワヤン・クリを生き生きと、物理的に動かすのは人形遣い、すなわち腕と脚につないだ棒を使って人形を操る

ダランだ。ダランは知識が非常に豊富で、その技能は代々受け継がれていく。多くの物語の筋や登場人物の役柄に精通しているのに加え、ダランは職人でもあり、歴史・哲学者でもあり、人形劇の制作者でもある。人形遣いは上演する物語（ラコン）を選んだあと、打楽器で構成されるガムラン楽団が演奏するドラマの伴奏曲も選択する。ワヤン人形劇はインドネシアで非常に人気があり、多くの寺院や歴史的建造物で見ることができるが、これらの公演のもうひとつの特徴は、その長さだ。公演は日が暮れても何時間と続くことがあり、背景幕の前で平面的な人形たちが生み出す光と影のバランスは、この暗闇によってより向上する。

［p.194–195］水牛の革で作られた操り人形、ワヤン・クリの装飾。人形の形に切り取った革を布の上にのせて装飾を施し、彩飾する。［p.195］ダランは教養ある文学者であり、非常に多くの物語やその断片を歌い、朗誦するすべを心得ているうえ、熟練した職人でもある。

バリ島の伝統舞踊3様式

インドネシアの広大な
火山列島に属するこの島において、
ダンスは地元文化の真髄にほかならない。
バリ舞踊は歴史的意義を有することに加え、
それが象徴するテーマと
参加者の表現力のおかげで、
演劇の一形態にもなっている。
男性も女性も幼いころから
この芸術形式を学び始める。

ダンサーは、浮かせた両腕を正確かつリズミカルなジェスチャーで動かし、両膝を外側に広げ、腹を引っ込める。顔の表情は、喜びから悲しみ、激しい怒り、恐怖へと変化する。伴奏は、打楽器（木琴、太鼓、銅鑼）、管楽器（竹笛）、弦楽器からなる伝統的なガムラン楽団によって演奏される。これはインドネシアではよく見られる光景だ。インドネシアには非常に多くの伝統舞踊がある。それが700以上存在する民族集団の文化の一部となっており、それぞれの舞踊に音楽やリズムに応じた独特の動き方がある。この国はダンス界の中心地とさえ言えるかもしれないが、この芸術を「ダンス」という言葉で限定するのは少々単純化しすぎだろう。インドネシアの舞踊には演劇に特有の要素も多く含まれている。ダンサーは優れたテクニックに加え、作品を表現し、解釈する資質も持ち合わせている必要があり、全員で完全に調和した動きをしなくてはならない。バリ島の場合、ダンサーには男性もいれば女性もいる。彼らは金箔の縁飾り、宝石、花や動物を表現した金色のモチーフで飾られた色鮮やかな伝統衣装を身にまとう。バリ舞踊は、島の村、島中に点在する何千もの寺院のそば、あるいは数々のダンス・スクールで見ることができる。

［p.196–197］善と悪の戦いを象徴する神聖な舞踊、バロン・ダンスはバリ島のバトゥブラン村で披露されている。

　これらの地域の子どもたちは幼いころから踊りを習い始め、集団の中で、最も複雑な踊りであっても、位置や動きを学んでいく。バリ舞踊には3つの様式——神聖なもの、半神聖なもの、娯楽と呼べるもの——がある。神聖な舞踊の中で最も人気が高いのはバロン・ダンスだ。これは善と豊饒を象徴する聖獣バロンと、悪の象徴である魔女ランダとの戦いを表しており、インドネシア全土で演じられている。もうひとつの神聖な舞踊はサンヒャン・ドゥダリといい、超自然的な負のエネルギーを阻止するべく、ふたりの少女によって演じられる。叙事詩『ラーマーヤナ』は、モンキー・ダンスとも呼ばれるケチャの題材になっている。ケチャでは、超自然的な力を持つ猿の軍隊を表す男たちが同心円状に座り、体を前後に揺らす。彼らは眠

[p.198]レゴン・ダンスを演じる場合、ダンサーはぴったりフィットしたスカートと鮮やかな色を特徴とする伝統衣装を身にまとう。[p.199]レゴン・ダンスの踊り手は、生花や金のシートで作った装身具を身に着け、衣装をさらに飾る。

りを誘う音（チャッ）を叫びながら、腕を振り、手を叩く。パフォーマンスは、トランス状態のダンサーがひとり、燃える石炭の上を歩くファイアー・ダンスで締めくくられる。娯楽としての舞踊の例は、指や爪先の複雑な動きを特徴とするレゴンだ。様式を問わず、バリ舞踊には、自然環境、住人たちの習慣、伝説として受け継いできたもの、宗教的信仰など、地方文化のあらゆる要素が融合されている。

[p.200–201] バリ島には伝統舞踊の学校が数多く存在する。これはそのひとつであるムンドゥックの学校の子どもたち。これらの学校は、公立の場合もあれば、私立の場合もある。[p.201] レゴン・ダンスでは手と指のポジションが基本であり、教師はとりわけこの基本に注意を払って生徒を指導する。

インドネシアには数千もの伝統舞踊が存在するが、
それらは3つの様式—神聖なもの、半神聖なもの、娯楽と呼べるもの—に分けることができる。
数世紀の歴史を持つ振り付けは、実に多様な民族集団を有する
他文化国家の豊かな財産を反映した
新しい解釈を通じて、今も継続的に改訂がなされている。

インドネシアのバティック

［大陸］アジア

［国］インドネシア

2009年よりユネスコのリストに登録

ジャワ島の布地はインドネシアの人々のアイデンティティ、
文化、精神的遺産に欠くことのできないものだ。
これら布地は熱した蠟を用いて手作業でデザインされ、染められる。
デザインにはほかの文化や時代、世界各地のスタイルが反映されていることが多く、
アールヌーボー様式まで取り入れられている。

インドネシアのバティックは、スキル、想像力、芸術と同義であり、代々受け継がれる極意と同義でもある。バティック布を支える技術の発達に貢献したのは主に女性たちだった。熱した蠟を利用する特別な手法が考案され、多くの場合この手法を習得した女性たちは、染色の過程で特定の色を出すすべを心得ている唯一の人々だった。バティック（インドネシア語で「書く」を意味するamba、「滴り」を意味するtitikから派生した言葉）の起源は謎に包まれている。この芸術形式は中国から入ってきたと主張する者もいれば、インドから来たと言う者もいる。確かなのは、それがジャワ島で優れた芸術の一形態へと発展し、この布地が数世紀にわたり（完全に手作業で）生産されてきたということだ。製作のプロセスをまとめると以下のようになる。溶かした蠟で下絵の細かい点や細い線をトレースし、布地（綿、麻、または絹）の両面に模様を描いていく。蠟は染料を通さないため、染色の際、蠟が置かれた部分の防染ができる。染めた布はその後、乾燥させ、沸騰した湯で蠟を落とす。違う色を使うたびに、この工程を繰り返す必要があり、1枚のバティックを作るには、数百時間に及ぶ非常に緻密な作業が求められる。洗練された模様が施された色鮮やかな布は、誕生の瞬間から死を迎え

［p.202］絹であれ木綿であれ、バティック布を作る最初の工程は、選んだデザインを布地にトレースすること。［p.203］布地の染色しない部分に熱した液体の蠟を載せていく職人。この作業は、チャンティンというパイプのような道具を使って完成させる。

るまで、人生のあらゆる節目、重要な瞬間を祝う儀式で使われる。新生児をくるむバティックは彼らを守り、幸運をもたらす。思春期が終わり、成人したことを記念する際に用いられるバティックもある。さらに、結婚式、妊娠、病気のときに使われるバティック、死者を包むために使われるバティックまで存在する。バティック布は社会的地位を示すものでもある。芸術的観点から見ると、珍重されるバティック布には、極めて象徴的な地元の伝統と、ほかの国々との密接な文化的つながりの両方が反映されている。バティック・アートには、アラビア文字や漢字、日本の桜の花、インドやペルシャの孔雀、ヨーロッパの花束といったアイテムが含まれていることもあり、さまざまな様式やインスピレーションの源がすべてひとつに溶け合っている。インドネシアのバティックは1900年のパリ万国博覧会で展示され、大好評を博した。花、植物、伝説の鳥ガルーダ(力の象徴)といった動物のほか、火山など、自然の要素に彩られた布地は、家庭や職場で身に着ける日常服を作るのに用いられる。王族のバティック祭りとして知られるジャワ島の儀式では、伝統的に王族しか用いることができないタイプの生地が、火山を鎮めて噴火を防ぐべく火口に投げ込まれていた。バティック布は、その担い手たちの生活を今も豊かにしている伝統的活動の良い例となっている。

[p.204]バティック布を作る技術はジャワ島のほかに、スマトラ島、スラウェシ、バリの島でも実践されている。[p.205]植物の根、樹皮、葉、種子、花から作られた染料を使って染めを行う女性たち。

［p.206–207およびp.207、p208–209］ジャワ島、スコハルジョのバティック染色工房。出来上がった作品には、複雑で緻密な、色彩に富んだ模様が施されている。

バティックを作り続ける人々にとって、
この仕事と伝統は大きな誇りの源となっており、
知識は家族内で受け継がれていく。
インドネシアでは、こうした布地が
ワヤン人形劇でも使われている。

メキシコの伝統馬術——
チャレリア

チャレリアは、数世紀にわたり、
牧草地で動物の群れを「トレーニング」してきた成果であり、
メキシコの国技と見なされている。
今日のチャレリアは、国の歴史に深く根ざし、
メキシコの文化と民間伝承が最も独創的な形で
表れたものと言えるだろう。

メキシコのカウボーイはチャーロと呼ばれている。彼らは（数々のハリウッド映画のおかげで今や有名になった）北米のいとこ分と同様、牧場での重労働を通して馬術を学んだ。チャーロは馬に乗り、焼き印を押すべき家畜を投げ縄で捕まえる技を身に付けた。これらの伝統は、広大な農地と牧草地を有する大農園、アシエンダで始まり、メキシコ革命（1910–1920年）を通じて発展した。革命の結果、農民に土地を分配できるよう、多くの私有地が廃止されることになったが、そのころにはもう、牧場の男たちが数世紀かけて身に着けたてきたあらゆるのスキルは、チャーロが腕前を発揮できる競技会、チャレアーダに集約されていた。1933年には大統領令によってチャレリアが国技となり、国全体がこの馬術競技を愛し、熱烈に応援している。競技はスエルテという、技巧と勇気を披露する一連の種目で構成され、例として次のような種目が挙げられる。カラ・デ・カバーリョでは手綱を駆

［p.210］チャレリアの競技会は、観客にチャーロとアデリータを紹介する行進から始まる。その後、さまざまなスエルテ（種目）が続くが、それらを行う順序はいつもあらかじめ決められている。［p.210–211］今日のチャレリアは一種のロデオとして、馬に乗ったり、投げ輪を使って焼き印を押す牛を捕獲したりと、チャーロがアシエンダ（大農場）で働きながら究めてきた分野の技術を披露する。

［p.212］チャレリアにおける投げ輪では、ただ動物を捕まえればいいというのではなく、（馬に乗っているときも、地面に立っているときも）洗練されたやり方で技術を披露し、捕まえることを目的としている。［p.213］チャーロの衣装は、競技中のあらゆる障害を避けるべく、体にぴったりフィットした衣服で構成され、革製のすね当て、ブーツ、つばの広いソンブレロを着用する。雄牛に乗る競技は最も危険なスエルテのひとつ。［p.214–215］メキシコ、ハリスコ州グアダラハラで開催されたチャレアーダの一場面。この町には最も古いチャレアーダ用の競技場、リエンソがある。

使し、急停止、スピン、後退をすることで、馬と騎手との完璧な調和を表現する。ヒネテオ・デ・トロでは雄牛にまたがり、振り落とされそうになっても、牛が跳ね上がるのをやめるまではそこにとどまっていなければならない。テルナ・エン・エル・ルエドでは投げ輪で動物を捕まえる。ヒネテオ・デ・イエグアでは鞍なしの野生馬に乗る。パソ・デ・ラ・ムエルテでは、騎手が飼いならした自分の馬を全速力で走らせながら、別の野生馬に乗り移らなければならない。チャーロ・コンプレートは、これらの種目をほぼすべて組み合わせたもの。審査員はアメリカのロデオと同様、スタイル、スピード、正確さを評価する。ただしメキシコの精神にのっとり、美観、すなわち審美的側面が非常に重要視される。それが明確に表れているのが投げ縄の使い方で、チャーロは、動物を縄で捕まえるという単なる目的をはるかに超え、驚くべきテクニックで体の向きを急に変える。

　当然のことながら、女性もチャレリアで競うことが許可されている。い

わゆるエスカラムサでは、8人の女性が馬に横乗りをし、伴奏とともに、入念に振り付けされた複雑な馬術を披露するが、注目すべきは、動きがぴったり合っている点だ。また、エスカラムサには象徴的な意味もある。この馬術を披露する目的は、メキシコ革命で女性騎手たちが果たした役割を集団的記憶としてとどめておくことにある。革命のあいだ、女性騎手の多くはアデリータ（女性戦士）と呼ばれ、大きな戦闘に参加した。

［p.216およびp.217］アデリータは、メキシコ革命に参加した歴史上有名な女性兵士たちに与えられた呼び名でもある。アデリータはエスカラムサの主役であり、この競技で自分たちの馬術技能を披露するが、競技中は横座りで馬に乗らなければならない。

［p.218-219］マリアッチの音楽がユネスコの無形文化遺産リストに加えられたのは、コロンブス以前の文明とスペイン文明の融合によって生まれた芸術として、これが紛れもなくメキシコ独自の表現となっているからだ。

マリアッチ、弦楽、歌、トランペット

19世紀以来、マリアッチは主だった祝祭行事に
陽気でにぎやかな雰囲気を添えてきた。
華やかな衣装に加え、マリアッチのパフォーマンスと
メロディーは、中央アメリカにおける
文化と言語の融合を示す貴重な証拠となっている。

マリアッチは見間違えようのないソンブレロと白黒のチャーロ（カウボーイ）の衣装、そして陽気な音楽で、名を挙げるにふさわしいあらゆる祝典や祭りでパフォーマンスを行っている。マリアッチは、メキシコ文化を代表するアイコンのひとつと見なされ、その人気の高さは、毎年グアダラハラで再確認されることになる。というのも、この都市では毎年、重要な国際的祭典、グアダラハラ・マリアッチ大会が開催され、それに参加するべくマリアッチ楽団が集結し、世界中から観光客を引きつけているからだ。一部の人類学者の説によれば、この種の音楽はメキシコのハリスコ州コクラにいた先住民コカ族の文明から生まれた。また、マリアッチという言葉は聖母マリアに捧げた地元のある歌に由来するとの説もある。それはスペイン語、ラテン語、ナワトル語が入り混じった形で歌われ、「Maria ce son」（マリア、あなたを愛している）という歌い出しで始まる。とはいえ、マリアッチが現代の形態を取るようになったのは20世紀のことで、このころ、楽団員の数にばらつきはあったものの、楽団の典型的構成が確立された。ヴァイオリンがふたり、トランペットがふたり、スパニッシュ・ギターがひとり、ビウェラ（ヴィオルのような5弦の楽器）がひとり、ギタロン（6弦で、低音域を担当するマリアッチのベースギター）がひとり、というのが標準的編成だ。レパートリーにはさまざまな地域の音楽が取り入れられ、曲目はコリード［圧制や不正を告発するメキシコの民謡］、愛や戦争にまつわるバラード、田舎暮らしに触発された歌、古典的なポルカ、ワルツ、セレナードで構成されている。楽曲や歌は暗記され、楽譜なしで演奏されており、今日にいたるまで、世代から世代へと受け継がれている。

［p.220–221］ディア・デ・ロス・ムエルトスを祝って美しく飾り立てられたメキシコシティのソカロ広場。［p.221］死者の日の仮装行列。参加者は死者に敬意を表し、骸骨の衣装を着ている。［p.222–223］参加者は顔にペイントを施したうえ、実にカラフルな服を着る。

死者に捧げる祭礼

「死者の日（ディア・デ・ロス・ムエルトス）」は、
メキシコ文化における最も重要な伝統的記念行事のひとつ。
コロンブス以前の時代の古代信仰は、
スペインのコンキスタドール（征服者）たちがもたらした
キリスト教の精神性と融合した。その結果として、
先住民コミュニティのさまざまな魂を象徴する
色と音が魅力的なきらめきを放っている。

毎年10月の終わりから11月の初めにかけて、世界中の多くの国や場所で死者を追悼する行事が行われる。確固たるキリスト教の伝統を持つ国々では、以前から存在する異教徒の文化と、（中世以降、ヨーロッパに広まった）キリスト教が組み合わさり、そこからこれらの行事が生まれた。カトリック信仰は、16世紀にイベリア半島からやってきたコンキスタドール（征服者）によって中南米にもたらされた。そして、コロンブス以前の信仰——とりわけ、何世紀ものあいだ、死者がこの世に戻ってくると信じていたアステカ族の信仰——と融合した。古代メキシコの死者にまつわる信仰には、カトリック信仰に特有の道徳的側面は含まれていなかった。つまりアステカの人々は、生前の振る舞いによって死者が天国へ行くか地獄へ行くかが決まるとは思っていなかった。むしろその逆で、死者の最終目的地は死に方

によって決まると信じていた。死因が自然死（老衰など）の場合、死者の魂は、死の神ミクトランテクトーリとその妻ミクテカシワトルが住むミクトランに向かって長く曲がりくねった道をたどることになる。死因が水（溺死など）の場合、行き先は、雨の神トラロックが住む場所、トラロカンとなる。戦いで亡くなった人々、および出産中に亡くなった女性は、戦いの神ウィツィロポチトリが支配するオメヨカンへ行き、色とりどりの鳥となってこの世に戻ってくる。最後に、子どもたちはチチワクアウコへたどり着き、そこでミルクが滴る木に出迎えられる。そして、生まれ変わって一から人生を再開する瞬間を待つことになるのだ。つまりアステカの人々は、死者がある時点でこの世に戻ると信じていた。そのため、7月と8月に死者を追悼し、行列に参加したり、供え物を持ってきたり、カラフルな衣装や仮面を身に着けたりしていたのだ。コンキスタドールがやってきた際、これらの祭りはキリスト教の万聖節および万霊節［11月1日と2日］と一緒にさせられたが、それでも異教徒の習慣に深く根ざした側面は維持された。今日にいたるまで、死者はディア・デ・ロス・ムエルトスのあいだ、この世に戻り、家族とともにいると考えられている。仮装行列が行われ、人々は踊り、歌い、音楽を奏で、故人に喜んでもらえるよう、好物を用意する。そして悲しみよりも陽気なお祭

［p.224］メキシコシティのディア・デ・ロス・ムエルトス。カトリックのシンボルである色鮮やかな花で飾られた大きな十字架と、コロンブス以前の信仰とが融合されている。［p.224–225］この参加者の色とりどりの衣装は、古代アステカ文明の典型的シンボルとスタイルを思い起こさせる。

り騒ぎの雰囲気が広がっている。子どもも、若者も、大人も、ドクロに見立てたおなじみの色鮮やかなカラカスの仮面をかぶり、通りを進んでいく。そして道沿いには、供え物を飾る祭壇、オフレンドが設置され、故人のために作った特別な料理があふれんばかりに載っている。さらに、メキシコでは毎年、主要食用作物であるトウモロコシの収穫が終わる時期と死者の日が一致しているため、祭りは農村における重要な儀式となっている。ひとことで言えば、死者の日の祭りは生命への賛歌なのだ。

[p.226]祭りは10月31日と11月1日の夜遅くまで続き、親類縁者が供え物や写真や彫像、個人的な物を持って故人の墓を訪れる。[p.227]ミスキックのサン・アンドレス使徒教会の墓地で行われるアルンブラダ(点灯)。メキシコシティの南に位置するこの町の住民は墓地に集い、死者をしのんで何千本ものろうそくを灯す。

伝統的な1月の パラチコ祭り

[大陸]北アメリカ
[国]メキシコ
[都市]チアパ・デ・コルソ
2010年よりユネスコのリストに登録

チアパス州では夏のあいだ、宗教的感情と陽気なお祭り騒ぎと社会正義が
一体と化したイベントが行われ、何千人もの人々が熱狂的なダンスに参加する。
イベントは守護聖人たちへの賛辞でもあり、スペイン植民地時代に耐えてきた
苦しみが終わったことの記念でもある。

これは世界で最も風変わりで、カラフルで、騒々しい宗教的祝祭だ。セーラペ——色鮮やかな縞模様の刺繍が施された肩から足まで届くマント——と、アガベの原料繊維で作られた派手な黄色い頭飾りを身に着けた何千人という人々が通りや広場に押し寄せ、歩いていく。ここはメキシコ南部に位置する16世紀の町、チアパ・デ・コルソ。サント・ドミンゴ教会のすぐ近くで、マリアッチ楽団のメンバーが動きに合わせて演奏し、それを取り囲む何百人もの群衆が思い思いに足を蹴り上げ、どんちゃん騒ぎをしながら楽しんでいる。ステージの上では、3人のマリンバ奏者が奏でるリズムに合わせて、数人の女性がくるくる踊り回ってい

[p.228]パラチコの踊り手が身に着ける仮面の顔つきは、ヨーロッパ人、とりわけスペイン人入植者の顔つきによく似ている。[p.229]フィエスタ・グランデ（大きな祭り）。あいだ、男たちは仮装をする。彼らは踊り、音楽を奏で、スペインの支配下で苦しんだ飢餓を忘れぬよう、大衆に食べ物を提供する。

る。その足元では、おびただしい数の人々がたくさんのガラガラを宙に掲げて激しく振り、喜びとエネルギーが入り混じる中、体をくねらせている。これは3人の聖人、エスキプラスの主、聖セバスティアン、聖アントニオ修道院長を祝うべく1月に開催されるパラチコ祭りだ。前の年の恵みに感謝の意を表するための祭りでもある。フィエスタ・グランデ（大きな祭り）のクライマックスはパラチコの踊りだ。踊り手たちは、聖人の彫像を運ぶ行列とともに町を練り歩く。男性の踊り手は、杉材を彫ってラッカー塗り、装飾を施した仮面をかぶり、チンチン（木と金属でできたガラガラで、色つきのリボンが飾られている）をリズミカルに振りながら、グループのリーダーの求めに応じて陽気な叫びを上げる。男たちは太鼓の伴奏でギターやフルートを奏でることもあれば、罪に対する罰を象徴する鞭を持っていることもある。伝説によると、この祭りは3世紀以上前に起こった出来事のおかげで

始まった。マリア・アングロという裕福なスペイン人女性が、謎の病気に苦しむ息子の治療法を探し、さまよっていた。チアパ・デ・コルソに到着したとき、地元の治癒師が子どものもとを訪れ、母親に近くの池の水に息子を浸してみてはどうかと提案した。ほかの住民たちは、スペイン人の服と仮面を身に着けて踊ることで少年を助けようとした。その理由を訊かれると、

彼らは「パラ・エル・チコ」、すなわち「子どものため」と答えた。少年は元気になり、母親は感謝のしるしに盛大な宴を開いたと言われており、別の説では、疫病や飢餓に苦しむ住民を助けたとも言われている。1711年以来、祭りは定期的に開催され、この時期は気温が35度に達することがあるものの、踊り手たちは儀式用の重たい衣装を身に着けている。

[p.230]パラチコ祭りの行列はチアパ・デ・コルソを練り歩き、市内にいくつかある聖地のそばも通過していく。[p.230–231]パラチコの一団が踊り、奇声を上げ、空に向かってガラガラ（チンチン）を振り上げる中、マリア・アングロの家政婦を演じるべく、女性使用人（チュンタ）の格好をしている男性もいる。

[p.232–233]エクアドル、クエンカの工房で作られているパナマ帽。[p.233]
販売用に店で展示されている完成品。特徴は淡い色と黒いリボン。

パナマ帽

男性ならではのスタイルや上品さを象徴する
代表的アイテムといえば、
ヤシの木の繊維で作られたパナマ帽だが、
実は、この帽子はコロンブス以前の時代に
エクアドルで生まれた。
軽くて色も明るいことから、労働者が
日よけとしてかぶっていたのだ。
そして、パナマ運河を建設していた職人たちのおかげで、
世界中で人気となった。

アーネスト・ヘミングウェイ、ウィンストン・チャーチル、ポール・ニューマン、ハンフリー・ボガートなど、作家や知識人、映画スターのおかげで、パナマ帽は世界中で知られている。前世紀にこのような人たちがしゃれたアクセサリーとして身に着けたことにより、パナマ帽は洗練を象徴するアイテムとなったが、このつば広の帽子にははるかに古い歴史がある。もともと作られていたのはエクアドルで、ヒピハパ［パナマ帽の原料パナマ草の現地での呼び方に由来］として知られていた。それを最初にヨーロッパ

［p.234］パナマ草の繊維を手で編んでいく職人。作業は中央部から始まり、つばに向かって進む。［p.235］最終段階。つばを編み終わったら、次のステップとして、余分な繊維を切り取り、形を整える。

へもたらしたのは、スペイン人のコンキスタドール（征服者）で、彼らは現地の人々がかぶっている帽子を見て非常に感心した。軽さと淡い色に加え、パナマ草の天然繊維を細かく編むことで生まれる通気性により、パナマ帽は日よけとして最適なアイテムとなっている。1906年にアメリカの大統領セオドア・ルーズベルトがパナマ運河の建設現場を訪れ、パナマ帽をかぶっている姿が撮影された。その写真がニューヨークタイムズ紙に掲載されると大評判となり、以来、「パナマ帽」という呼び名が広く使われている。今日、パナマ帽は主にエクアドルのマナビ県とメキシコのカンペチェ州で生産されている。完全に手作業で作られるため、最高品質の帽子の生産には8か月もかかる場合がある。

パナマ草の植物繊維は煮たあと、
葉緑素を完全に除去して明るい色が
出るようにするための処理がなされる。
それを乾燥させた後、職人が帽子の
トップの部分から手で編んでいく。
最後に、帽子は木型にはめられる。

［p.236–237］帽子を専用の木型にはめて成形し、その後、つばの部分に慎重にアイロンをかけていく。

オルロのカーニバル

[大陸]南アメリカ

[国]ボリビア

[都市]オルロ

2008年よりユネスコのリストに登録

ボリビアの高原、アルティプラノにあるこの鉱山都市では、
地元のカーニバルが善と悪の永遠の争いを目玉とする宗教的祭礼となっており、
そこではコロンブス以前の儀式とキリスト教が見事に融合している。

地元の人々はこのカーニバルを「ディアブラーダ」と呼ぶ。ディアブラーダとは、告解の火曜日から1週間ほど続く祭りを代表する伝統舞踊のひとつだ。ダンサーは男女ともに悪魔を模した仮面と衣装を身に着け、大天使ミカエルが体現する善の勢力が悪や七つの大罪と戦い、最終的に勝利するという寓意的な場面を演じる。コロンブス以前の文明によって崇拝されていた神々の中に、地母神パチャママや、アンデスの死の神スーパイがいた。しかし16世紀にスペインのコンキスタドー

ルとアウグスティノ修道会の修道士がやってきたことで、こうした神々の儀式的影像は、カトリック信仰の聖母マリア像や悪魔の像に置き換えられた。1600年代には、千年にわたり行われてきた先住民の儀式がスペイン人によって禁止されたが、オルロ——昔からの巡礼地、古代のウル——の市民はキリスト教の聖像の後ろにアンデスの神々の肖像を隠した。そのため、新しい宗教の聖人たちは、それ以前の神々の一部と同化することになった。伝統的な祭りが始まるきっかけと

[p.238]オルロのカーニバルで大天使ミカエルに扮する踊り手。仮面は地元の職人によって作られる。[p.239]踊り手のグループには、アフリカから連れてこられ、現在は高原地域やユンガスの渓谷で暮らしている集団、ネグリトス・デル・パガドールがいる[ネグリトスは「黒人」の意]。

なる出来事が起きたのは1756年。町で一番豊かな銀鉱山に、奇跡的に聖母マリアの壁画が現れた。鉱山の労働者たちは、マリアは労働者の守護聖人であると宣言し、鉱山の中で富か死を分け与える金属の神ティーウ（スペイン語ではティオ、すなわち伯父と訳されている）の怒りを買わないようにするため、悪魔として踊ることを決めたのだ。こうしてディアブラーダの踊りが誕生

した。この踊りはスペイン征服以前に起源を持つラマラマの踊り（いけにえとして捧げられたラマにちなんで名づけられた）から派生した踊りだ。しかし、この踊りにはスペインの影響も強く作用していると考える学者もいる。というのも、いくつかの要素が、似たようなカタルーニャの踊り、バーイ・デ・ディアブレス（悪魔の踊り）と結びつくからだ。このように、オルロのカーニバル

［p.240–241］献納品と、地母神（パチャママ）および鉱山のティオ（悪を表すのに使われる名前のひとつ）にいけにえとして捧げるラマの前でポーズを取り、写真に収まるオルロの鉱山労働者たち。［p.241］ウィランチャと呼ばれるいけにえの儀式で視覚化されたティオ。

には、聖母ソカヴォン［鉱山の意］が立つ聖地への巡礼も含め、異教徒の要素とカトリックの要素との興味深い組み合わせが維持されている。たとえば、町の四方位にはコンドル、ヘビ、ヒキガエル、アリのシンボルが置かれている。最も人気のあるイベントは、約50グループの踊り手が参加して三日三晩行われるパレード（エントラーダ）だ。人数にして2万人の踊り手と1万人の演奏家が参加する。カーニバルが行われる週の月曜日には全国バンド・フェスティバルが開催され、演奏家が踊り手のグループをともなって参加する。その翌日から、これらのグループは、アンデスの高原地域、渓谷地区、平原、森林など、ボリビア各地で踊られている約20種類の人気の高いダンスを披露する。踊り手たちは重い衣装を身に着け、天使と悪魔の戦いを表現する複雑な振り付けをこなしながら、連続20時間ものあいだ、4kmのコースを何度も往復する。

［p.242］モレナダ［カーニバルで披露される踊りの一種］の踊り手の衣装の細部。ヒキガエルはオルロのカーニバルで繰り返し用いられるシンボルのひとつ。［p.243］パレードで使われた仮面、衣装、羽根付きの頭飾りは、その年いっぱい、オルロの美術館に展示される。

ユネスコによると、採掘活動や伝統的農業の衰退は、
アンデス高地で徐々に進む砂漠化とともに、大規模な人口流出を引き起こしており、
ボリビアの多文化性、舞踊の人気、多様性の強力なシンボルである
オルロのカーニバルは危機にさらされている。

［p.244–245］坑道の聖母（ソカボンの聖母）の聖地で祈る、手の込んだ衣装をまとった踊り手たち。最大40万人の観客がパレードに参加する。
［p.245］ソカボンの聖母は地元の鉱山労働者の守護者であり、カーニバルが行われる週の土曜日のミサで賛美される。

タキーレとその織物技術

［大陸］南アメリカ
［国］ペルー
［地域］タキーレ島（ティティカカ湖）
2008年よりユネスコのリストに登録

男女を問わず製作に携わり、

コミュニティのすべてのメンバーが日常的に身に着けている色とりどりの衣服は、

ペルーの中心部に位置するティティカカ湖のタキーレ島で作られており、

古代インカ文明とつながる技術やシンボルが今も生き残っていることを証明している。

ティティカカ湖の水に浮かぶ素晴らしいペルーの島、タキーレは、アンデス山脈の息をのむような景色に囲まれている。ここでは空と自然の鮮やかな色彩が、島民が身に着ける色とりどりの衣服に反映されている。この衣服を覆う複雑かつ装飾的な模様には深い象徴性があり、コミュニティにとって先祖から伝わる信仰が今も不可欠な要素になっていることを証明している。織り仕事には男性も女性も携わり、スペインによる植民地化が始まる前、すなわち、この地がインカ人に統治されていた時代に使われていたものと同一の織機が今も使われている。最も日常的な男性用のアイテムには、ビクーニャ、アルパカ、ラマ、もしくは羊の毛で作られたペルー独特の耳当て付きニット帽チューヨと、花嫁が新郎に渡す幅広の「暦」付きのベルト（チュンピ）があり、このベルトには神々や動物や穀物のほか、古代インカ暦から受け継がれた農業社会、儀礼社会に関連したシンボルが表現されている。女性は目の覚めるような美しい刺繍（アルミリャ）を施した長袖のブラウスと、ひだ飾りのついたカラフルなスカートを着た上に、頭と肩を覆う一種のショール、チュクを着用する。衣服の色は、着用する者の婚姻の有無、社会的地位によって異なり、既婚者は赤、独身者は白を着用し、黒は村の有力者が身に着ける色となっている。

［p.246］市場で販売される色とりどりの織物は、独特の葦船に載せ、ティティカカ湖を渡って運ばれる。［p.247］伝統的な織機を用いるタキーレの織物生産は、ケチュア族をはじめ、さまざまな民族によく見られる特色だ。

ケスワチャカ橋の
毎年の架け替えに関連した
技術と儀式

[大陸] 南アメリカ

[国] ペルー

2013年よりユネスコのリストに登録

インカ帝国の橋のうち唯一現存するロープの吊り橋が、

何世紀も前と同じように、今もこの地域のさまざまなコミュニティを結びつけ、

環境や伝統や歴史とのつながりを象徴する存在となっている。

橋の架け替えは毎年行われ、参加者が習慣や信仰を共有する儀式として祝われる。

[p.248] ペルーのカナス郡で、アプリマック川の岩だらけの急斜面を結ぶケスワチャカ橋。[p.249] 山の精霊アプに守られて橋を渡りたいならば、捧げ物をしなければならない。過去には、穀物やラマの胎児が捧げられた。

インカ帝国の公用語だったケチュア語で、「ケスワチャカ」(もしくは「ケシュワチャカ」)は文字どおり「縄の橋」を意味する。13世紀にインカ帝国の前身「クスコ王国」が成立し、3世紀後にコンキスタドールがやってくるまでのあいだ、広大な帝国のさまざまな地域を結ぶ橋が数多く存在したが、その中で唯一残っているのがケスワチャカ橋だ。ペルー南部のクスコ地域では、この橋が帝国時代の目的を今も果たしている。橋はすべてロープでできており、海抜3700mを流れるアマゾン川の源流、アプリマック川の狭くて岩だらけの流域にある。全長約30m、地面から50mの高さに架かる橋は、今もコロンブス以前の人々が用いた古代の伝統的技法で作られている。ロープを作るには、アンデス高原に広がるイネ科ハネガヤ属の植物イチュの繊維が用いられ、ここで暮らす人々は昔も今も、イチュを扱うすべにことのほか長けている。橋は軽量だが、20人もの人間と動物が同時に載っても安全に渡っていけるほど丈夫で重さに耐える力がある。しかし、大気物質の作用による劣化を免れないため、毎年夏の初めの6月に橋を作り直す必要がある。そのようなわけで、少なくとも5世紀前にさかのぼる伝統が、常に当時とまったく同じ儀式をともなって続けられている。ウインチ

リ、セコヤナ、チャウピバンダ、チャックカイワ、ペルカロの農業コミュニティが橋の再建とそれに関連する儀式に参加する。近くに金属ケーブルで作られた別の近代的な橋が建設されたため、ロープの橋は役に立つとはいえ、必要不可欠なものではない。地元の住人たちは橋の架け替えを、自分たちの揺るぎない社会的・文化的絆や伝統を維持する手段と見なしている。架け替え作業は3日間続くが、その前に、まずはロープ作りとして草を集めて乾燥させる作業が行われる。乾燥させた草は房にして石の上で叩き、繊維を細く丈夫なものにする。こうして準備した草を撚り合わせて縄にし、その縄をさらに編んで、橋を支えるケーブルの役割をする大綱を作っていく。架け替えの初日、この土地に暮らすすべての人々を守る山の精霊アプへ捧げ物をした後、ロープを編む職人(チャカルハックと呼ばれて

[p.250–251]長くてしなやかなイネ科ハネガヤ属の草を撚り合わせ、縄を作る地元の農村の女性たち。
[p.251]架け替えられた橋の開通とともに行われる伝統的な踊りと音楽。

[p.252–253] 新しい橋を架けるあいだ、ロープを編む職人（チャカルハック）は渓谷の上にぶら下がるような状態になる。古い橋は切断され、川に落とされる。[p.253] 架け替え作業の第1段階。橋の支えとなる新しい大綱が川の片側から反対側へと延ばされる。ケスワチャカ橋は、インカ帝国の王の道、カパック・ニャンの補助的なルートだった。

いる）のグループが二手に分かれて古い橋の両端へ赴き、古代インカの技術を受け継ぐ技術者の指導のもと、川の片側から反対側へ、橋を支える大綱（キスワスカ）を延ばしていき、両方から来た大綱を結びつける。橋を支えるケーブルは、新しい橋の床になる非常に太い4本の大綱と、わきの手すりとなる2本の大綱で構成される。2日目には古い橋が切断され、川に落とされる。3日目には、別に用意したロープを手すりに追加してしっかり固定し、そのロープを使って橋の床も作っていく。そして最終日、音楽とダンスとともに開通式が始まる。

コイヨリッティの主の聖地巡礼

アンデスの山頂で毎年行われる宗教儀式は、
カトリックの要素と自然の神性にまつわる
コロンブス以前の信仰の要素を併せ持っている。
祝典にはさまざまな地域から何万人もの信者がやってきて、
行列や伝統的な舞踊に参加する。

2世紀以上のあいだ、ペルーはコイヨリッティ（Qoyllurit'i）の主を崇拝してきた。コイヨリッティは、ケチュア語で「星」を意味するqoyllurと、「きらめく白い雪」を意味するrit'iから派生した言葉だ。復活祭の58日後、9万人の巡礼者がクスコから標高5000mのシナカラ山の渓谷にある聖域へと出かけていく。巡礼者は、出発前に集合する地域の村ごとに8つのグループに分けられる。この巡礼ではダンスが大きな役割を果たしており、500種類ものさまざまなダンスが存在する。すべての活動を率いるのは協議会や組合だ。こうした組織がルールや規則を定め、大勢の巡礼者に食べ物や水を提供する。そして、アルパカ繊維の衣装と毛織物で出来た仮面を身に着けたウククという踊り手によって秩序が保証される。20世紀前半にカトカの司祭が詳細に記した公式の伝説によると、コイヨリッティの神話は、シナカラ山麓で出会ったふたりの少年が登場するある物語を起源とする。少年のひとりはマワラニの羊飼いの息子で、マリアーノ・マイタという名のアメリカ先住民だった。もうひとりは、ある日突然マリアーノの前に姿を現したタヤンカニのメスティー［白人とインディオの混血］で、名をマヌエル

［大陸］南アメリカ
［国］ペルー
2011年よりユネスコのリストに登録

[p.254] 星（もしくは、きらめく雪）の祭りとしても知られるコイヨリッティの聖地巡礼の日、信者はアンデスの山頂まで十字架を運んでいく。

[p.254–255] 伝統的な衣装を着た巡礼者。彼らはパウカルタンボ、キスピカンチ、カンチス、アコマヨ、パルロ、タワンティンスヨ、アンタ、ウルバンバの各村からやってくる。

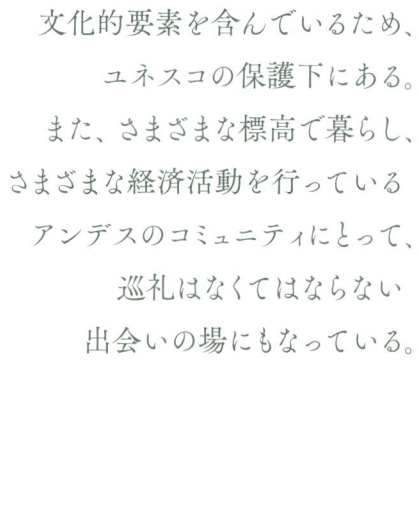

この巡礼は多種多様な
文化的要素を含んでいるため、
ユネスコの保護下にある。
また、さまざまな標高で暮らし、
さまざまな経済活動を行っている
アンデスのコミュニティにとって、
巡礼はなくてはならない
出会いの場にもなっている。

[p.256]アンデスの氷河の水は先住民に神聖視されているが、地球温暖化のため、氷河の後退が進んでいる。[p.256–257]コイヨリッティの主の「守護者」たるウクク、あるいはパウルチャ、パブルチャとも呼ばれる若き禁欲者たちの儀式。

といった。マリアーノはマヌエルにお礼をしたいと
思っていた。マヌエルが父親の家畜の放牧を手伝って
くれたおかげで、家畜が繁殖したからだ。マリアーノ
は彼に新しい服を買ってあげることにした。そこで、
見本として生地を少しもらい、クスコの仕立屋に持っ
ていったのだが、仕立屋はその布が司祭の式服の一部
であることに気づいた。これは聖物の窃盗にあたるの

ではないか？　そう思った仕立屋が地元の司教に報告
する。司教はマリアーノを尋問すべく、ある司祭を派
遣した。マリアーノは司祭に不思議な友人のことを話
した。司祭は肌が白いという奇妙な少年に会うため、
遠征隊を組織した。一行がマヌエルを目にしたそのと
き、少年はきらめく白い光を放ち始めた。そして一行
が近寄った途端、十字架にかけられたイエスの像が描

かれた低木に変わってしまった。マリアーノは自分の新しい友人が傷つけられたと思い、失意のあまり死んでしまう。その亡骸は岩の下に埋められ、そこにイエスの像が描かれた。その場所こそまさに、コイヨリッティの主があがめられ、賛美される場所なのだ。メインの巡礼のほかにも小規模な行列がいろいろと存在し、そのような行列は、雪に覆われることもある急な山道や崖の上を進み、この地域のほかの聖域へと十字架を運んでいく。巡礼の道は6000m以上の高度に達することもある。そのような行列のひとつは24時間続き、その間、前述のグループのうちふたつ（パウカルタンボとキスピカンチ）は、タヤンカニの主と聖母マリアの像を同名のタヤンカニ村へ運び、先祖から伝わる異教の儀式にのっとって朝日を迎える。

［p.258 および p.258–259］コイヨリッティの聖地に灯されたろうそく。祝福を受けるため、パウカルタンボから来たグループのメンバーは、標高6362mの
アウサンガテ山を目指す。

カポエイラの円陣

武術とダンスを組み合わせた
カポエイラはブラジルのものだが、
アフリカの文化に深く根差している。
カポエイラは南米のこの国のプランテーションで働いていた
何千人もの奴隷によって生み出された。
当初、カポエイラをする者はならず者と見なされ、
犯罪者のように扱われた。
今や彼らは見応えある競技の演者として賞賛されている。

ふたりの人物が戦うと同時に、ダンスをしている印象を与えるような表現で、すっかり調和して動き回ることは可能だろうか？　その競技がカポエイラであれば、絶対に可能だ。この見応えのあるアクロバティックな武術は、ポルトガル人の所有するプランテーションでアフリカ人奴隷が働かされていた植民地時代にブラジルのバイアで生まれた。伝承によると、アフリカ人は自由を取り戻すことを願い、格闘の訓練をしていた。疑いを持たれないようにするため、彼らは戦いの中にダンスのステップを取り入れた。カポエイラは逃亡奴隷によって設立された自由なコミュニティ（キロンボ）を、カピタン・ド・マット——地主に雇われた奴隷追跡人——の攻撃から守った戦士の動きをまねているという説もある。カポエイラはスポーツ競技へと進化し、対戦者は左右に揺れる動き（ジンガ）と、長い修行を経て身につく独特のルールにのっとった駆け引きを利用することによってゲーム（ジョーゴ）を行う。見物人は円陣（ホーダ）を作り、特別な道着を着たふたりの対戦者の戦いぶりを見守る。そしてビリンバウが奏でるリズム（トーキ）と音楽スタイルに合わせて対戦が開始される。ビリンバウはアフリカを起源とする1本弦の楽器で、木製の弓に共鳴器の役割をする空洞のヒョウタンがついており、木の棒で弦を叩くことによって音が出る。

[p.260–261] ジェリコアコアラ・ビーチでカポエイラを行う格闘家。この武術舞踊に求められる基本的資質は、器用さと敏捷性と即興性だ。

タンゴ

ブエノスアイレスとモンテビデオの
精神が特徴的に表現されたタンゴは、
ヨーロッパとクレオールの音楽文化が組み合わさり、
19世紀の後半に誕生した。
心を揺り動かすそのメロディーは
情熱と郷愁の融合であり、
時間と時間との対話のひとつの形でもある。

作曲家のエンリケ・サントス・ディセポロ（1901–1951年）は、「タンゴは踊る悲しみ」と記したが、ディセポロの言葉は、世界中に広まっているこの有名な舞踊の哲学を完璧に要約している。タンゴは19世紀の終わりに、アルゼンチンのブエノスアイレスとウルグアイのモンテビデオを流れるラ・プラタ川沿いのスラム街で生まれた。当時そこにはイタリア人やスペイン人を中心とするヨーロッパ出身の移民のほか、先住民やクリオージョ（現地で生まれたスペイン人移民の子孫や先住民との混血および現地で生まれたアフリカ系の子孫、クレオール）も暮らしていた。こうした人種の混合が文化交流の熟成につながり、その結果、強烈な感傷と郷愁を誘うリズムとメロディーを特徴とする音楽が生み出された。タンゴにはバンドネオンの伴奏がつくが、これはドイツ移民によって南アメリカへ持ち込まれた特別なタイプのアコーディオンで、この音楽に独特な音色を添えている。愛と情熱にあふれた歌の歌詞は、多くの場合、アルゼンチンの港で話される俗語、ルンファルドで書かれている。タンゴはもともと即興を基本としていた。ふたりのダンサーはメロディーを追いながら、互いに近づいたり離れたりを繰り返し、足の動きと胴体の動きのつながりを断つことに象徴される、絶え間ない激しい対話を生み出していく。時とともにステップは体系化され、結果として、今日のタンゲーロ［タンゴ愛好家］は、古典舞踊に影響を受けた複雑かつ洗練された振り付けを踊り、大きな劇的効果が生まれている。

[大陸]南アメリカ
[国]アルゼンチン、ウルグアイ
2009年よりユネスコのリストに登録

[p.262-263]ブエノスアイレスのラ・ボカ地区のタンゴ・ダンサー。タンゴの踊りには、さまざまな文化的伝統が組み合わさった楽器の伴奏がつく。[p.264-265]このダンスは男女の情熱的な対立関係をベースとし、両者の緊張が一連のステップと動きで表現される。

編者・著訳者紹介

[編者]

マッシモ・チェンティーニ　トリノ大学で文学と哲学を学び、文化人類学の学位を持つ。トリノ市民大学文化人類学で教授を務めるほか、イタリア国内外の大学や、ミラノのアフリカ考古学研究センター、ヴァッレマッジアの民族誌芸術部門、ベルガモ自然科学博物館で文化人類学のコースを教えている。彼の研究は口頭伝承、有形文化、民俗学および宗教上の儀式や習わしなど人類学の様々な分野を網羅している。専門分野に関する数多くのエッセイの著者であり、著書の多くは他の言語に翻訳されている。

[著者]

ジャーナリストであり研究者でもある**アンドレア・アコルシ**は、30年にわたり、日刊紙の記者兼上級編集者として働いてきた。現在はいくつかの歴史雑誌や科学雑誌に協力している。また、イタリアのロンバルド現代史研究所の仕事にも協力し、地域の歴史や経済史、現代史に関するエッセイや本を多数執筆しているほか、希少な古文書の新版を編集している。

ジュゼッペ・ブリランテはポピュラー・サイエンスや歴史関連の記事を何百本と執筆してきたジャーナリスト。地理や自然史に関する記事のほか、実に多くの国に関する旅行記事も数十本執筆・発表している。また定期刊行物『シャンツェ（Scienze）』（イギリスの『BBCフォーカス（BBC Focus）』のイタリア版）および『BBCヒストリー（BBC History）』のコーディネーターも務めている。

マリオ・ガローニはジャーナリスト兼ライター。ミラノの由緒ある夕刊紙『ラ・ノッテ（La Notte）』の記者を務めていた。現在は人気の高いさまざまなカルチャー系雑誌に記事を書いている。エレナ・ペルシヴァルディとの共著で最近出版された書籍ではユネスコ世界遺産リストについて取り上げている。

エレナ・ペルシヴァルディは中世研究家、歴史学者、エッセイストとして、人気のある多くの主要歴史専門誌向けに記事を書いている。講演活動や、歴史的・考古学的展覧会、歴史再現のキュレーションにも積極的に従事。また、さまざまな記事、書籍、講演でユネスコの人類遺産について論じている。

[訳者]

岡本千晶　成蹊大学文学部英米文学科卒業。翻訳家。訳書に、『［フォトミュージアム］世界の廃墟図鑑』、『［フォトミュージアム］世界の戦争廃墟図鑑』、『世界の甲冑・武具歴史図鑑』、『［ヴィジュアル版］シルクロード歴史大百科』などがある。

写真クレジット

- Page 8: PATRICIA DE MELO MOREIRA/AFP/Getty Images
- Page 9: PATRICIA DE MELO MOREIRA/AFP/Getty Images
- Pages 10-11: Evrim Aydin/Anadolu Agency/Getty Images
- Page 12: Alain BENAINOUS/Gamma-Rapho/Getty Images
- Page 13: AGF/Hemis
- Pages 14-15: Roberto Fumagalli/Alamy Stock Photo
- Pages 16-17: LLUIS GENE/AFP/Getty Images
- Page 17: LLUIS GENE/AFP/Getty Images
- Page 18: LLUIS GENE/AFP/Getty Images
- Page 19: Sean Gallup/Getty Images
- Page 20: M Ramírez/Alamy Stock Photo
- Page 21: M Ramírez/Alamy Stock Photo
- Pages 22-23: M Ramírez/Alamy Stock Photo
- Page 24: Marcelino Ramírez/Age Fotostock
- Page 25: M Ramírez/Alamy Stock Photo
- Page 26: Kevin Foy/Alamy Stock Photo
- Page 27: Kevin Foy/Alamy Stock Photo
- Pages 28-29: Lucas Vallecillos/Alamy Stock Photo
- Page 29: David Aliaga/NurPhoto/Getty Images
- Pages 30-31: JOSE JORDAN/AFP/Getty Images
- Page 31: Kevin Foy/Alamy Stock Photo
- Pages 32-33: Hemis/Alamy Stock Photo
- Page 33: Christophe Boisvieux/Alamy Stock Photo
- Pages 34-35: Hemis/Alamy Stock Photo
- Page 35: Hemis/Alamy Stock Photo
- Page 36: GERAULT Gregory/AGF/Hemis
- Page 37: © Ville d'Alencon
- Page 38 a sinistra: © Ville d'Alencon-Olivier Héron
- Page 38 a destra: © Ville d'Alencon-Olivier Héron
- Page 39: © Ville d'Alencon-Olivier Héron
- Pages 40-41: ROUX Olivier/SAGAPHOTO.COM/Alamy Stock Photo
- Pages 42-43: FRANK PERRY/AFP/Getty Images
- Pages 44-45: Hemis/Alamy Stock Photo
- Page 45: Hemis/Alamy Stock Photo
- Pages 46-47: Jochen Tack/imageBROKER/Age Fotostock
- Page 48: Hemis/Alamy Stock Photo
- Pages 48-49: Hemis/Alamy Stock Photo
- Page 50: Hemis/Alamy Stock Photo
- Pages 50-51: Hemis/Alamy Stock Photo
- Pages 52-53: Patrik Aventurier/Getty Images
- Page 54: Patrik Aventurier/Getty Images
- Pages 54-55: Patrik Aventurier/Getty Images
- Page 56: frans lemmens/Alamy Stock Photo
- Pages 56-57: Mieczyslaw Wieliczko/Alamy Stock Photo
- Page 58: Huisinga Fotografie, Utrecht, The Netherlands
- Pages 58-59: Huisinga Fotografie, Utrecht, The Netherlands
- Pages 60-61: Agencja Fotograficzna Caro/Alamy Stock Photo
- Page 62: Agencja Fotograficzna Caro/Alamy Stock Photo
- Page 63: dpa picture alliance archive/Alamy Stock Photo
- Pages 64-65: RADEK MICA/AFP/Getty Images
- Pages 66-67: RADEK MICA/AFP/Getty Images
- Page 67: Vladimir Pomortzeff/Alamy Stock Photo
- Page 68: ATTILA KISBENEDEK/AFP/Getty Images
- Page 69: funkyfood London - Paul Williams/Alamy Stock Photo
- Pages 70-71: funkyfood London - Paul Williams/Alamy Stock Photo
- Page 72: ATTILA KISBENEDEK/AFP/Getty Images
- Pages 72-73: ZUMA Press, Inc./Alamy Stock Photo
- Page 74: Patrick Domingo/AFP/Getty Images
- Page 75: Gary Calton/Alamy Stock Photo
- Pages 76-77: Ray Tang/Anadolu Agency/Getty Images
- Page 78: Peter Forsberg/Alamy Stock Photo
- Pages 78-79: David Gee/Alamy Stock Photo
- Pages 80-81: Capone Antonio/AGF
- Page 82: Lamberto Scipioni/Age Fotostock
- Pages 82-83: Lamberto Scipioni/Age Fotostock
- Page 84: Laurent Giraudou/Getty Images
- Pages 84-85: Laurent Giraudou/Getty Images
- Page 86: Laurent Giraudou/Getty Images
- Page 87: Laurent Giraudou/Getty Images
- Pages 88-89: Laurent Giraudou/Getty Images

❖ Page 247: ASK Images/Alamy Stock Photo
❖ Page 248: © Xavier Desmier
❖ Page 249: Wigbert Roth/imageBROKER/Age Fotostock
❖ Pages 250-251: © Xavier Desmier
❖ Page 251: © Xavier Desmier
❖ Pages 252-253: © Xavier Desmier
❖ Page 253: © Xavier Desmier
❖ Page 254: HUGHES Hervé/AGF/Hemis
❖ Page 254-255: HUGHES Hervé/AGF/Hemis
❖ Page 256: Manuel Medir/LatinContent/Getty Images
❖ Pages 256-257: HUGHES Hervé/AGF/Hemis
❖ Page 258: Nacho Calonge/Alamy Stock Photo
❖ Pages 258-259: Manuel Medir/LatinContent/Getty Images
❖ Pages 260-261: MediaProduction/Getty Images
❖ Pages 262-263: AGF/Hemis
❖ Pages 264-265: J.Royan/Age Fotostock

無形文化遺産リスト

2018年の登録リストは11月／12月に発表

2017年

緊急に保護する必要がある無形文化遺産リスト

❖ アル・アズィ、称賛、誇りおよび不屈を表現する詩の舞台芸術、アラブ首長国連邦
❖ コロンビア-ベネズエラのリャノ労働歌、コロンビア、ベネズエラ(ボリバル共和国)
❖ カトレン地区のバックガトラ・バ・カフェラに伝わる民俗音楽ディコペロ、ボツワナ
❖ モンゴルの聖地崇拝における伝統的習慣、モンゴル
❖ タスキウィン：西部高アトラス地域の戦闘舞踊、モロッコ
❖ 口笛言語、トルコ

人類の無形文化遺産の代表的なリスト

❖ アル=カット・アル=アシリ：サウジアラビア、アシール州の女性による伝統的な室内装飾、サウジアラビア
❖ 弦が曲がる弦楽器ケマンチェの製作と演奏の芸術、アゼルバイジャン、イラン(イスラム共和国)
❖ ナポリピッツァの職人技、イタリア
❖ ピンタオ帽のタルコ、クリネハ、ピンタ織りの工芸過程と植物繊維加工技術、パナマ
❖ バーゼル・ファスナハト、スイス
❖ チョーガン：音楽と物語をともなう馬術、イラン(イスラム共和国)
❖ 風車守の風車と水車の運転技術、オランダ
❖ エストレモスの土人形工芸、ポルトガル
❖ 3月1日に関連する文化的実践、ブルガリア、北マケドニア共和国、モルドヴァ共和国、ルーマニア
❖ 文化的アイデンティティの指標であるドルマの調理と分け合いの伝統、アゼルバイジャン
❖ 家々を回るクレンティ、スロヴェニア
❖ カザフスタンの伝統的ゲーム、アシック、カザフスタン
❖ ラオ族のケーン音楽、ラオス人民民主共和国
❖ コチャリ、伝統的集団舞踊、アルメニア
❖ コク・ボル、伝統的馬術競技、キルギス
❖ コロ、伝統民俗舞踊、セルビア
❖ コニツの木彫、ボスニア・ヘルツェゴビナ
❖ クンブ・メーラ、インド

❖ 歌と舞踊からなるクシュトデプディの儀式、トルクメニスタン
❖ ホレフロニエ地方のマルチパート歌唱、スロヴァキア
❖ ンシマ、マラウイの伝統料理、マラウイ
❖ オルガンの職人技と音楽、ドイツ
❖ ピニシ、南スラウェシ州の造船技術、インドネシア
❖ プント、キューバ
❖ レベティコ、ギリシャ
❖ アラシタの祭りの期間中のラパスにおける巡礼、ボリビア(多民族国)
❖ ロドリゲス島のセガ・タンブール、モーリシャス
❖ フドゥレルレス、春の祭り、北マケドニア共和国、トルコ
❖ ヴェトナム中部のバイ・チョイ芸能、ヴェトナム
❖ シレット地区におけるシタル・パティ織の伝統工芸、バングラデシュ
❖ コロンゴにおける水判事の伝統的システム、ペルー
❖ イーリアン・パイプスの演奏、アイルランド
❖ ヴェトナム、フート省のソアンの歌唱、ヴェトナム
❖ ザウリ、コートジヴォワールのグロ族コミュニティにおけるポピュラー音楽と舞踊、コートジヴォワール

2016年

緊急に保護する必要がある無形文化遺産リスト

❖ ビサルハエス黒色陶器の製作過程、ポルトガル
❖ チャペイ・ドン・ヴェン、カンボジア
❖ ドニプロペトロウシク地方のコサック民謡、ウクライナ
❖ マディ族のボウル・ライアーの音楽とダンス、ウガンダ

人類の無形文化遺産の代表的なリスト

❖ スティックドラムとダンス、アル・ミズマル、サウジアラビア
❖ アルグングの国際魚獲りと文化祭り、ナイジェリア
❖ ベルギーのビール文化、ベルギー
❖ モーリシャスのボージュプリー語民謡、ギート・ガワイ、モーリシャス
❖ エル・カヤオのカーニバル、祭りによる記憶と文化的アイデンティティの表現、ベネズエラ(ボリバル共和国)

❖ グランヴィルのカーニバル、フランス
❖ メキシコの伝統馬術、チャレリア、メキシコ
❖ 済州島の海女文化、大韓民国
❖ 鷹狩り、生きた人類の遺産、ドイツ、サウジアラビア、オーストリア、ベルギー、アラブ首長国連邦、スペイン、フランス、ハンガリー、イタリア、カザフスタン、モロッコ、モンゴル、パキスタン、ポルトガル、カタール、シリアアラブ共和国、大韓民国、チェコ
❖ フラットブレッドの製造と共有文化：ラヴァシュ、カトゥルマ、ジュプカ、ユフカ。アゼルバイジャン、イラン、カザフスタン、キルギス、トルコ
❖ ガダー・システム、オロモ族の土着的かつ民主主義的社会・政治システム、エチオピア
❖ 協同組合における共有利益を体系化するアイデアと実践、ドイツ
❖ ヒドル・エリアスの祭礼と誓い、イラク
❖ カザフスタンのキュレス、カザフスタン
❖ ジョージア文字の3種の書記体系における生きた文化、ジョージア
❖ ポヘラ・ボイシャク(ベンガル暦新年)のマンガル・ショブハジャトラ、バングラデシュ
❖ モモエリア、ギリシャ・西マケドニアのコザニ県の8つの村における新年の祭事、ギリシャ
❖ ドミニカ共和国におけるメレンゲの音楽とダンス、ドミニカ共和国
❖ ナウルーズ、ノヴルーズ、ノウルーズ、ナヴルーズ、ナヴルズ、ナウリズ、ノウルズ、ネヴルズ(いずれも新年)、アフガニスタン、アゼルバイジャン、インド、イラン(イスラム共和国)、イラク、カザフスタン、キルギス、ウズベキスタン、パキスタン、タジキスタン、トルクメニスタン、トルコ
❖ オシ・パラフ：タジキスタンの伝統的料理とその社会的・文化的背景、タジキスタン
❖ パロフの文化と伝統、ウズベキスタン
❖ ヴェトナムの三界の地母神信仰に関する慣習、ヴェトナム
❖ スロヴァキアとチェコの人形劇、スロヴァキア、チェコ
❖ キューバのルンバ、音楽と舞踊と関連するあらゆる慣習による祝祭体系、キューバ
❖ シュコーフィア・ロカの受難劇、スロヴェニア
❖ 棒遊戯ターティーブ、エジプト
❖ 二十四節気、太陽の年周運動の観察によって発達した中国の時間に関する知識と慣習、中国
❖ チニ製造の伝統技能、トルコ
❖ ルーマニアとモルドヴァ共和国における伝統的な

壁掛け絨毯の製作技術、モルドヴァ共和国、ルーマニア
- バレンシアの火祭り、スペイン
- ヴヴェイのワイン生産者祭り、スイス
- 日本の山・鉾・屋台行事、日本
- ヨーガ、インド

2015年

緊急に保護する必要がある無形文化遺産リスト

- ラクダをなだめる儀式、モンゴル
- グラソエチコ、ドルニ・ポログの男声二部合唱、北マケドニア共和国
- バソンゴラ、バニャビンディ、バトーロの人々によるコーゲロ口承伝統、ウガンダ
- カウベルの製作、ポルトガル
- 大マグダレーナ地方のバジェナートによる伝統音楽、コロンビア

人類の無形文化遺産の代表的なリスト

- 即興芸術アイトゥシュ／アイティス、カザフスタン、キルギス
- 伝統的芸能アル・ラズファ、アラブ首長国連邦、オマーン
- アラルダハ・アルナジディヤ、サウジアラビアの舞踊・太鼓・詩、サウジアラビア
- 寛容の象徴アラビア・コーヒー、アラブ首長国連邦、サウジアラビア、オマーン、カタール
- バグパイプの文化、スロヴァキア
- ウィーンのスペイン乗馬学校の古典馬術、オーストリア
- ラヒジの銅細工、アゼルバイジャン
- ゴログリー叙事詩の芸術、トルクメニスタン
- フィチェ・チャンバラーラ、シダマ族の新年祭、エチオピア
- ブエノスアイレスのフィレテ・ポルテーニョ、伝統的絵画技法、アルゼンチン
- ルーマニアにおける青年のダンス、ルーマニア
- 文化的・社会的空間マジリス、アラブ首長国連邦、サウジアラビア、オマーン、カタール
- マリンバ音楽、コロンビアの太平洋沿岸南部地区とエクアドル・エスメラルダス州の伝統的詠唱と舞踊、コロンビア、エクアドル
- オシトゥティ・ショマゴンゴ、マルーラの果実の祭り、ナミビア
- スブア、ゴウララにおけるシディ・エル・ハジ・ベルカセムのザーウィヤへの年次巡礼、アルジェリア
- ピレネー山脈における夏至の火祭り、アンドラ、スペイン、フランス
- ペルニク地方のスルヴァ民俗祭、ブルガリア
- バリ島の伝統舞踊3様式、インドネシア
- ティノス島の大理石の職人技、ギリシャ
- 朝鮮民主主義人民共和国におけるキムチ作りの伝統、朝鮮民主主義人民共和国

2014年

緊急に保護する必要がある無形文化遺産リスト

- ケニア西部のイスハ族とイダホ族の共同体におけるイスクティ・ダンス、ケニア
- ウガンダ中北部のランゴ地方における男子の浄化儀式、ウガンダ
- 先祖伝来の地におけるマポヨの口頭伝承とその象徴的照合地点、ベネズエラ（ボリバル共和国）

人類の無形文化遺産の代表的なリスト

- アル・アッヤーラ、オマーン国とアラブ首長国連邦における伝統的芸能、オマーン、アラブ首長国連邦
- 朗唱・歌唱詩、アル・ザジャル、レバノン
- アルガン、アルガンの木に関する慣習とノウハウ、モロッコ
- 朝鮮民主主義人民共和国のアリラン民謡、朝鮮民主主義人民共和国
- 即興芸術アスキヤ、ウズベキスタン
- バイレ・チーノ、チリ
- ポルトガル南部アレンテージョ地方の多声歌唱、カンテ・アレンテジャーノ、ポルトガル
- カポエイラの円陣、ブラジル
- マルカラの仮面と人形表現、マリ
- トルコのマーブリング技法エブル、トルコ
- プーノの聖女カンデラリア祭り、ペルー
- グォカー：グアドループのアイデンティティを示す音楽・歌・舞踊および文化的実践、フランス
- カザフ族の伝統芸術ドンブラ合奏キュイ、カザフスタン
- ヒオス島におけるマスティック栽培のノウハウ、ギリシャ
- コパチカタ、ピジャネク地方ドラムチェ村の社交ダンス、北マケドニア共和国
- ラヴァシュ：アルメニアにおける文化的表現としての伝統的なパンの調理、意味合いと外観、アルメニア
- モンゴルのナックル・ボーン・シューティング、モンゴル
- 農楽：韓国における共同体の伝統的楽団演奏・舞踊・儀式、大韓民国
- ニジェールにおける冗談関係の慣習と表現、ニジェール
- プフリャイとアヤリチ、ヤンパラ文化の音楽と舞踊、ボリビア（多民族国）
- アルジェリアのジャーネット・オアシスにおけるスベイバの儀式と式典、アルジェリア

- クラグアの栽培と加工に関する伝統的知識と技術、ベネズエラ（ボリバル共和国）
- 綱引きの儀式と競技、カンボジア、フィリピン、大韓民国、ヴェトナム
- コルカ峡谷のウィティティ・ダンス、ペルー

- 祭礼舞踊と王室のドラム演奏、ブルンジ
- 一家の守護聖人を祝う儀式、スラヴァ、セルビア
- ヴォロマーのスモーク・サウナの伝統、エストニア
- チョパ、マラウイ南部のロムウェ族のいけにえのダンス、マラウイ
- チプロフツィにおける絨毯製作の伝統、ブルガリア
- パンテッレリーア村における伝統的農作業「ヴィーテ・アド・アルベレッロ」（剪定されたブッシュ・ヴァイン）、イタリア
- ケラガイ伝統芸術と象徴、女性用の絹織スカーフの製作・着用法、アゼルバイジャン
- インド・パンジャーブ州ジャンディアラ・グルのタテラにおける真鍮や銅を使う家庭用品の伝統製作工芸、インド
- キルギス族とカザフ族のユルト（テュルク系民族の移動式住居）製作における伝統的知識と技術、カザフスタン、キルギス
- モーリシャスの伝統、セガ、モーリシャス
- ゲティン地域のヴィーとザムの民謡、ヴェトナム
- 和紙：日本の手漉和紙技術、日本
- ズミヤニェ刺繍、ボスニア・ヘルツェゴヴィナ

2013年

緊急に保護する必要がある無形文化遺産リスト

- チョヴカン、アゼルバイジャン共和国カラバフ地方の伝統的乗馬競技、アゼルバイジャン
- 西ウガンダのバトーロ族、バニョロ族、バトゥク族、バタグウェンダ族、バニャビンディ族のエンパーコの伝統、ウガンダ
- モンゴル書道、モンゴル
- パーチの儀式、グアテマラ

人類の無形文化遺産の代表的なリスト

- 古代ジョージアの伝統的なクヴェヴリ・ワインの醸造方法、ジョージア
- シディ・アブデル・カデル・ベン・モハメッド（シディ・シャイブ）の霊廟への年次巡礼、アルジェリア
- ヴェトナム南部のドン・カー・タイ・トゥー音楽と歌の芸術、ヴェトナム
- 巨大な構造物を担いで行列する祭礼、イタリア
- 中国の珠算、そろばんを利用した数的計算の知識と実践、中国
- パラー州ベレンのナザレ大祭、ブラジル
- キリストの真の聖十字架発見の記念祭、エチオピア
- シュティプの40人の聖殉教者祭、北マケドニア共和国
- キムジャン、韓国のキムチ作りと分かち合いの文化、大韓民国
- ケスワチャカ橋の毎年の架け替えに関連した知識と技術と儀式、ペルー
- キルギスの叙事詩3部作：マナス、セメタイ、セイテク、キルギス

- グアレナスとグアティレの聖ペドロ祭り、ベネズエラ(ボリバル共和国)
- リムーザン地方の7年ごとのオスタンシオン(聖遺物の披露)、フランス
- 地中海料理、キプロス、クロアチア、スペイン、ギリシャ、イタリア、モロッコ、ポルトガル
- 男性グループのコリンダ、クリスマス時期の儀式、ルーマニア、モルドヴァ
- テルホヴァーの音楽、スロヴァキア
- ウクライナの装飾民俗芸術の事象としてのペトリキフカの装飾絵画、ウクライナ
- アルジェリア、マリ、ニジェールのトゥアレグ社会でのイムザードにかかわる慣習と知識、アルジェリア、マリ、ニジェール
- サンキルタナ、マニプル州の儀式的歌唱、太鼓、舞踊、インド
- オストダンケルクの馬で行う小エビ漁、ベルギー
- ジャムダニ織りの伝統技法、バングラデシュ
- モンゴル・ゲルの伝統工芸技術とその関連慣習、モンゴル
- トルコ・コーヒーの文化と伝統、トルコ
- 和食、日本人の伝統的な食文化・正月を例として、日本
- ホーイ、セネガルのセレール族の占いの儀式、セネガル

保護目的にかなったグッド・プラクティスに登録

- 生物圏保護区における無形文化遺産の目録作成の手法:モンセニーの経験、スペイン

2012年

緊急に保護する必要がある無形文化遺産リスト

- アラ・キーズとシルダック、キルギスの伝統的なフェルト絨毯芸術、キルギス
- ビグァラ、ウガンダ・ブソガ王国のひょうたん型トランペットの音楽と舞踊、ウガンダ
- ボツワナのカトレン地区の土器製作技術、ボツワナ
- パプア族の手芸、ノケンの手編み多機能バッグ、インドネシア

人類の無形文化遺産の代表的なリスト

- アル・アジ、哀歌、行進と詩、オマーン
- アル・タグルーダ、アラブ首長国連邦とオマーン国の伝統的なベドウィンの詠唱詩、アラブ首長国連邦、オマーン
- アリラン、韓国の叙情的民謡、大韓民国
- ラダックの誦経:インドのジャンムー・カシミール州ラダック地方の仏教経典の詠唱、インド
- スフルのさくらんぼ祭り、モロッコ
- ネックの長い弦楽器タールの製作技能と演奏、アゼルバイジャン
- ホレズ陶器の職人技、ルーマニア

- マリ、ブルキナファソ、コートジヴォワールのセヌフォ族の楽器バラフォンに関連した文化的実践と表現、マリ、ブルキナファソ、コートジヴォワール
- フェスト・ノズ、ブルターニュ地方の伝統舞踊の集団的実践における祭りの集い、フランス
- キブドのアッシジの聖フランシスコ祭り、コロンビア
- コルドバのパティオ祭り、スペイン
- マチョーの民芸、伝統的コミュニティの刺繍、ハンガリー
- フレヴォ、レシフェのカーニバルの舞台芸術、ブラジル
- イチャペケネ・ピエスタ、サン・イグナシオ・デ・モホスの大祭、ボリビア(多民族国)
- クロアチア南部ダルマチア地方の混声合唱クラバ、クロアチア
- アントル・サンブル・エ・ムーズの行進、ベルギー
- メシル・マージュヌ祭り、トルコ
- 那智の田楽:那智火祭りで行われる宗教的芸能、日本
- アルメニアの叙事詩『サスンのダヴィド』もしくは『サスンの命知らず』の上演、アルメニア
- カーシャーンのマシュハデ・アルダハールのカーリシュヤーン儀式、イラン・イスラム共和国
- トレムセンの婚礼衣装の伝統にまつわる儀式と職人技、アルジェリア
- オーストリア、イムストのカーニバル、シェーメンラウフ、オーストリア
- クレモナの伝統的なヴァイオリンの製作技術、イタリア
- エクアドルのパナマ帽の伝統的な手編み技術、エクアドル
- ベネズエラの聖体祭の踊る悪魔、ベネズエラ(ボリバル共和国)
- フート省のフン王信仰、ヴェトナム

2011年

緊急に保護する必要がある無形文化遺産リスト

- アル・サドゥ、アラブ首長国連邦の伝統的織物技術、アラブ首長国連邦
- エシュヴァ、ペルー先住民族ウアチパエリの祈祷歌、ペルー
- リンベによる長時間の民謡演奏法:循環呼吸、モンゴル
- ホジェン族のイマカンの語り部、中国
- ムーア人の叙事詩テイディン、モーリタニア
- ナッカーリ、イランの演劇的な語り聞かせ、イラン(イスラム共和国)
- サマン舞踊、インドネシア
- マリの智慧の儀式、コレドゥガー秘密結社、マリ
- ペルシャ湾におけるイランのレンジ船の伝統的建造・操船技術、イラン
- ヤオクワ、社会と宇宙の秩序を維持するエナウェネ・ナウェ族の儀式、ブラジル

人類の無形文化遺産の代表的なリスト

- 東部クロアチアのベチャラツの歌唱と演奏、クロアチア
- 祭礼料理ケシケキの伝統、トルコ
- 中国の影絵人形芝居、中国
- フランスの伝統馬術、フランス
- ポルトガル都市部の大衆歌謡、ファド、ポルトガル
- アリジェメジーの「ラ・マレ・デ・デウ・デ・ラ・サリュー」(健康の乙女)の祝祭、スペイン
- 綱渡りチュルタギ、大韓民国
- ルーヴェンの年齢集団による儀礼のレパートリー、ベルギー
- マリアッチ、弦楽、歌、トランペット、メキシコ
- 壬生の花田植、広島県壬生のイネ移植儀式、日本
- ニィェモ・コロ、ダルマチア地方内陸部の無音楽円舞、クロアチア
- コイヨリッティの主の聖地巡礼、ペルー
- チェコ南東部の王の乗馬(王様騎行)、チェコ共和国
- 佐陀神能、島根県佐太神社の神楽、日本
- 朝鮮の伝統武術、テッキョン、大韓民国
- ユルパリのジャガー・シャーマンの伝統的知識、コロンビア
- ツィアッティスタの歌合わせ、キプロス
- 韓山地域のモシ(上質のカラムシ)織り、大韓民国

2010年

緊急に保護する必要がある無形文化遺産リスト

- メシュレプ、中国
- オイカニェの歌唱、クロアチア
- 中国ジャンク船の水密隔壁技術、中国
- 中国の木版印刷、中国

人類の無形文化遺産の代表的なリスト

- アールストのカーニバル、ベルギー
- 伝統中国医学の鍼灸術、中国
- アル・バラー、オマーン・ドファール渓谷の音楽と舞踊、オマーン
- アルメニアの十字架石の芸術:ハチュカルの象徴性と工芸技術、アルメニア
- マヨルカ島のシビュラの詠唱、スペイン
- チャウ・ダンス、インド
- コンパニオナージュ、知識とアイデンティティを仕事を通じて継承するためのネットワーク、フランス
- アランソンのレース編みの工芸技術、フランス
- 伝統的木造建築、大木匠、大韓民国
- フラメンコ、スペイン
- 楽団をともなう叙情歌、歌曲(ガゴク)、大韓民国
- フランスの美食術、フランス
- 北部クロアチアのジンジャーブレッド工芸、クロアチア
- フーゾンおよびソク寺院のゾン祭り、ヴェトナム

- ❖ エヒタナハの踊り行列、ルクセンブルク
- ❖ ハウテム・ヤールマルクト、スィント・リーヴェンス・ハウテムの毎年恒例冬の市と家畜市、ベルギー
- ❖ ミトの儀礼舞踊、ワコナーダ、ペルー
- ❖ 人間の塔、スペイン
- ❖ インドネシアのアンクルン、インドネシア
- ❖ ラージャスターン州のカルベリア民謡と舞踊、インド
- ❖ クルクプナルのオイル・レスリング祭り、トルコ
- ❖ クラケリンゲンとトネケンスブランドゥ、ヘラールツベルヘンにおける冬の終わりのパンと火の祭り、ベルギー
- ❖ 組踊、沖縄の伝統的歌舞劇、日本
- ❖ モンゴルの伝統芸術フーメイ、モンゴル
- ❖ ムディエットゥ、ケーララ州の儀式的な舞踊劇、インド
- ❖ ホラーサーン地区の音楽、イラン
- ❖ モンゴルの伝統的な祭、ナーダム、モンゴル
- ❖ パハラワーニーとズルハネの儀式、イラン（イスラム共和国）
- ❖ チアパ・デ・コルソの伝統的な1月のパラチコ祭り、メキシコ
- ❖ 京劇、中国
- ❖ プレペチャ族の伝統歌謡、ピレクア、メキシコ
- ❖ タズィーエの儀式的な演劇芸術、イラン（イスラム共和国）
- ❖ ハサミ踊り、ペルー
- ❖ セマー、アレヴィー・ベクタシの儀式、トルコ
- ❖ フリンスコ地方の村落における灰の水曜日前の戸別訪問行列と仮装、チェコ
- ❖ シニスカ・アルカ、シニの騎士たちの馬上槍試合、クロアチア
- ❖ スタルティネス、リトアニアの多声合唱、リトアニア
- ❖ アゼルバイジャン共和国におけるアゼルバイジャン絨毯の伝統的織物芸術、アゼルバイジャン
- ❖ メキシコの伝統料理、今に受け継がれる共同体文化、ミチョアカンの範例、メキシコ
- ❖ ファールスの絨毯織りの伝統技術、イラン（イスラム共和国）
- ❖ カーシャーンの絨毯織りの伝統技術、イラン（イスラム共和国）
- ❖ 伝統的なソフベットの集会、トルコ
- ❖ プッチプ（パラブレロ）によって行われるワユー族の規範制度、コロンビア
- ❖ 結城紬、絹織物の製造技術、日本

2009年

緊急に保護する必要がある無形文化遺産リス

- ❖ カー・チューの歌唱、ヴェトナム
- ❖ パディエッラ風の歌謡、コルシカ島の世俗的かつ儀礼的口承伝統、フランス
- ❖ モンゴル・ビエルゲー、モンゴルの伝統的民族舞踊、モンゴル
- ❖ モンゴル・トゥーリ、モンゴルの叙事詩、モンゴル
- ❖ チャン族の新年の祭り、中国

- ❖ カルヤディ・ツァーリの儀式、クリスマス・ツァーリ、ベラルーシ
- ❖ サンケ・モン、サンケの合同魚獲りの儀式、マリ
- ❖ スイティの文化的空間、ラトヴィア
- ❖ 中国の木造アーチ橋建造における伝統的デザインと慣習、中国
- ❖ リー族の伝統的織物技術：紡績、染色、製織、刺繍、中国
- ❖ ツォールの伝統音楽、モンゴル
- ❖ ミジケンダ族の聖なる森林の中のカヤに関する伝統と慣習、ケニア

人類の無形文化遺産の代表的なリスト

- ❖ 秋保の田植踊、日本
- ❖ カスタヴ地域の毎年のカーニバルで鐘を鳴らす人々のページェント、クロアチア
- ❖ アゼルバイジャンのアシクの芸術、アゼルバイジャン
- ❖ 中国の篆刻芸術、中国
- ❖ アーシュクルク（吟遊詩人）の伝統、トルコ
- ❖ オービュッソン・タペストリー、フランス
- ❖ モハーチのブショー祭り：仮面をつけた冬の終わりの祭りの慣習、ハンガリー
- ❖ カンドンベとその社会・文化的空間：共同体の慣習、ウルグアイ
- ❖ 黒と白のカーニバル、コロンビア
- ❖ チャッキラコ、日本
- ❖ 処容舞、大韓民国
- ❖ 中国の木版印刷技術、中国
- ❖ 中国書道、中国
- ❖ 中国の剪紙、中国
- ❖ 木造建築における中国伝統建築の職人技術、中国
- ❖ 南京雲錦織の職人技術、中国
- ❖ 題目立、日本
- ❖ 大日堂舞楽、日本
- ❖ ドイナ、ルーマニア
- ❖ ドラゴンボート祭り、中国
- ❖ 中国の朝鮮族の農楽舞、中国
- ❖ ドゥブロヴニクの守護聖人、聖ブラホ祭、クロアチア
- ❖ 雅楽、日本
- ❖ カンガンスルレ、大韓民国
- ❖ ケサル王の叙事詩の口承、中国
- ❖ トン族の大歌、中国
- ❖ 早池峰神楽、日本
- ❖ ポパヤンの聖週間の行列、コロンビア
- ❖ 花児、中国
- ❖ イジェレの仮装、ナイジェリア
- ❖ インドネシアのバティック、インドネシア
- ❖ スペイン地中海岸の灌漑法廷：ムルシア平原の賢人裁定およびバレンシア平原の水法廷、スペイン
- ❖ 済州チルモリ堂燃灯グッ、大韓民国
- ❖ カラギョズ、トルコ
- ❖ カッタ・アシュラ、ウズベキスタン

- ❖ クロアチアのレース編み、クロアチア
- ❖ レフカラのレースもしくはレフカリティカ、キプロス
- ❖ マロヤ、フランス
- ❖ マナス、中国
- ❖ クルカン・フーガで宣誓されたマンデン憲章、マリ
- ❖ 媽祖の信仰と習慣、中国
- ❖ モンゴル民族の歌唱芸術、ホーミー、中国
- ❖ 男寺党ノリ、大韓民国
- ❖ 南音、中国
- ❖ ネスティナルストヴォ、過去からのメッセージ：ブルガリア村落の聖コンスタンティンと聖エレナの祭礼、ブルガリア
- ❖ 小千谷縮・越後上布：新潟県魚沼地域の苧麻織物の製造技術、日本
- ❖ 奥能登のあえのこと、日本
- ❖ トリマンのオトミ・チチメカ族の記憶と生きた伝統の場所：聖地の守護神ペニャ・デ・ベルナル、メキシコ
- ❖ ブルージュの聖血の行列、ベルギー
- ❖ フヴァル島のザ・クリジェン（「十字架に従って」）の行列、クロアチア
- ❖ バクニンの民謡クァン・ホ、ヴェトナム
- ❖ イラン音楽のラディーフ、イラン（イスラム共和国）
- ❖ ラマン、インドのガルワール・ヒマラヤにおける宗教的祭事と儀式的演劇、インド
- ❖ 熱貢芸術、中国
- ❖ ボラドーレスの儀式、メキシコ
- ❖ フランスの木骨造工法におけるスクライビングの伝統、フランス
- ❖ カマブロンの7年ごとの屋根の葺替え儀式、カンガバの神聖な家、マリ
- ❖ 中国の養蚕・絹織物の職人技術、中国
- ❖ セト・レーロ、セトの多声歌唱の伝統、エストニア
- ❖ ゴリャニの春の行進リェリェ／クラリツェ（女王）の行進、クロアチア
- ❖ タンゴ、アルゼンチン、ウルグアイ
- ❖ チベットの演劇、中国
- ❖ アイヌ古式舞踊、日本
- ❖ 龍泉青磁の伝統焼成技術、中国
- ❖ 宣紙の伝統的な手漉技術、中国
- ❖ ザゴリェ地方における子どもの木製玩具の伝統的製造方法、クロアチア
- ❖ イストリア音階での二重唱と合奏、クロアチア
- ❖ ラ・ゴメラ島（カナリア諸島）の口笛言語シルボ・ゴメロ、スペイン
- ❖ 西安鼓楽、中国
- ❖ 霊山斎、大韓民国
- ❖ 粤劇、中国

2008年

人類の無形文化遺産の代表的なリスト

- ❖ グララ地域のアヘリル、アルジェリア
- ❖ 叙事詩アル・シラー・アル・ヒラリヤ、エジプト
- ❖ アルバニア民衆の同音多声音楽（アイソポリフォ

- ニー）、アルバニア
- ❖カリャワヤのアンデス的宇宙観 、ボリビア（多民族国）
- ❖キルギス叙事詩の語り部、アキンの技術、キルギスタン
- ❖大衆講談師 メッダの技芸、トルコ
- ❖アゼルバイジャンのムガーム音楽、アゼルバイジャン
- ❖バルト地方の歌謡・舞踏フェスティバル、エストニア、ラトビア、リトアニア
- ❖ウガンダのバーククロスの製作、ウガンダ
- ❖バウルの歌、バングラデシュ
- ❖ショプロウク地域の古来のポリフォニー・舞踏・儀式、ブルガリア
- ❖チャルシュの伝統、ルーマニア
- ❖テノール風の歌の口承伝承、サルデーニャ牧羊歌、イタリア
- ❖バランキージャのカーニバル、コロンビア
- ❖バンシュのカーニバル、ベルギー
- ❖オルロのカーニバル、ボリビア（多民族国）
- ❖チョピ族のティンビラ、モザンビーク
- ❖ココロの舞踊劇の伝統、ドミニカ共和国
- ❖リトアニアの十字架工芸とその象徴、リトアニア
- ❖セメイスキの文化的空間と口承文化、ロシア連邦
- ❖ボイスン地域の文化的空間、ウズベキスタン
- ❖ジャマ・エル・フナ広場の文化的空間、モロッコ
- ❖パレンケ・デ・サン・バシリオの文化的空間、コロンビア
- ❖ニアガッソラのソソバラの文化的空間、ギニア
- ❖ペトラとワディ・ラムのベドゥの文化的空間、ヨルダン
- ❖ヴィラ・メラにおけるコンゴ族の聖霊結社の文化的空間、ドミニカ共和国
- ❖ヤーラルとデガルの文化的空間、マリ
- ❖ラナオ湖マラナオ民族のダランゲン叙事詩 、フィリピン
- ❖ドゥドゥークとその音楽、アルメニア

- ❖エル・グエグエンセ、ニカラグア
- ❖フヤラとその音楽、スロヴァキア
- ❖江陵端午祭、大韓民国
- ❖アファウンカハのグボフェ、ダグバナ社会の横吹きラッパの音楽、コートジヴォワール
- ❖ジョージアの多声歌謡 、ジョージア
- ❖グレワムクル、マラウイ、モザンビーク、ザンビア
- ❖古琴とその音楽、中国
- ❖イフガオ族の詠唱ハドハド、フィリピン
- ❖ナイジェリアにおけるイファ占い制度、ナイジェリア
- ❖死者に捧げる先住民の祭礼、メキシコ
- ❖インドネシアのクリス、インドネシア
- ❖イラクのマカーム、イラク
- ❖歌舞伎、日本
- ❖カンクラング、マンディンカ族の成年の儀式、ガンビア、セネガル
- ❖キフヌ島の文化的空間、エストニア
- ❖昆劇、中国
- ❖サンスクリット劇クッティヤタム、インド
- ❖トゥンバ・フランセーサ、キューバ
- ❖ラカラカの舞踏と歌唱、トンガ
- ❖ガリフナの言語、舞踏、音楽、ベリーズ、グアテマラ、ホンジュラス、ニカラグア
- ❖マ・ヨン舞踊劇、マレーシア
- ❖マキシの仮面舞踏、ザンビア
- ❖ムーアタウンのマルーンの遺産、ジャマイカ
- ❖ドゥラミツェの太鼓による仮面舞踏、ブータン
- ❖ムベンデ／ジェルサレマの踊り、ジンバブエ
- ❖メヴレヴィー教団のセマーの儀式、トルコ
- ❖タンタンのムッセム、モロッコ
- ❖エルチェの神秘劇、スペイン
- ❖ヴェトナムの宮廷音楽ニャ・ニャック、ヴェトナム
- ❖人形浄瑠璃文楽、日本
- ❖能楽、日本
- ❖ヤクートの英雄叙事詩オロンホ、ロシア連邦
- ❖オペラ・デイ・プーピ、シチリアの人形劇、イタリア

- ❖ワジャピ族の口承及び絵画による表現、ブラジル
- ❖サパラの人々の口承遺産と文化的表現、エクアドル、ペルー
- ❖ゲレデの口承遺産、ベナン、ナイジェリア、トーゴ
- ❖コスタリカの牛飼いと牛車の伝統、コスタリカ
- ❖パレスチナのヒカイェ、パレスチナ
- ❖パンソリの演唱、大韓民国
- ❖ベルガのパトゥム、スペイン
- ❖中央アフリカ共和国のアカ・ピグミー族の多声歌唱、中央アフリカ共和国
- ❖ベルギーとフランスの巨人とドラゴンの行列、ベルギー、フランス
- ❖ラビナル・アチの舞踊劇の伝統、グアテマラ
- ❖ラーマーヤナの伝統演劇ラムリラ、インド
- ❖宗廟大祭と祭礼音楽、大韓民国
- ❖カンボジアの宮廷舞踊、カンボジア
- ❖バイア州レコンカボのサンバ・デ・ローダ、ブラジル
- ❖クメールの影絵劇スベク・トム、カンボジア
- ❖シャシュマカームの音楽、ウズベキスタン、タジキスタン
- ❖スロヴァキア地方のヴェルブンク、新兵の踊り、チェコ
- ❖サナアの歌、イエメン
- ❖ヴェトナムにおけるゴングの文化的空間、ヴェトナム
- ❖タキーレとその織物技術、ペルー
- ❖ヴェーダ詠唱の伝統、インド
- ❖馬頭琴の伝統音楽、モンゴル
- ❖伝統的民謡オルティンドー（「長い歌」）、中国、モンゴル
- ❖新疆におけるウイグル族のムカム、中国
- ❖バヌアツの砂絵、バヌアツ
- ❖癒やしの舞踊ヴィンブザ、マラウイ
- ❖ワヤン人形劇、インドネシア
- ❖ザフィマニリの木彫知識、マダガスカル